崇川

MEET CHONGCHUAN

U0510133

看景

崇川必游景区及打卡点

Chongchuan
Must Visit
Scenic Spots

ENJOY SCENERY

南通报业传媒集团　编著

文物出版社

《紫琅香市图》

目录

狼山国家森林公园：始觉今朝眼界开

2020年11月12日，习近平总书记来到南通五山地区滨江片区视察，听取五山及沿江地区生态修复保护等情况介绍，点赞五山发生"沧桑巨变"，让人"流连忘返"。

狼山位于长江入海口的北翼，与军山、剑山、马鞍山、黄泥山合称"狼五山"，亦称"五山"。在辽阔的江海平原上，狼五山拔地而起，像五颗绿色的翡翠镶嵌在扬子江畔，为万里长江由海入江的"第一山"。大江东去，五山拱北，这里拥有"第一江山"的完美组合，素有"天然水石盆景"之美誉。

狼山距今约有3.5亿年到4亿年历史。初唐时期，仍是江中岛屿，千百年来经过不断的地质演变，形成了特殊的沉积岩地质地貌，完整展示了长江河口地貌演变过程，是天然的地质博物馆。

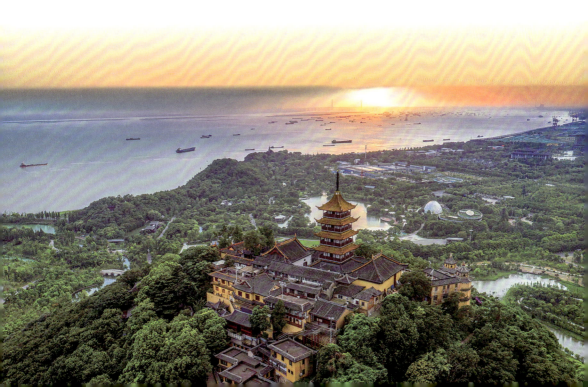

　　江苏南通狼山国家森林公园2018年8月成功获批。森林公园位于南通市崇川区，总面积1080公顷，陆域森林覆盖率达到80.83%。森林公园内有狼山、啬园两个国家4A级旅游景区、军山国家3A级旅游景区，以及南通植物园、军山绿野、龙爪岩滨江风光带、静海等建成开放景点，是南通旅游资源最为丰富、集中的地区。2019年，南通成功举办了以"江海之约·森林之旅"为主题的中国森林旅游节，全国各地嘉宾追江赶海到南通，共赴一场"江海之约"。狼山国家森林公园作为本届森林旅游节的主会场，青山绿水的自然风光、生态修复的崭新理念给来宾留下美好的回忆。

狼山国家森林公园内新建了绿园叠翠、海棠花坞、芝樱倩影、荷香流云、丹枫吟秋、玉兰花谷、桃源谧境、滑板乐园、绿茵广场、盆景园等一批景观、景点，形成了狼山、军山、啬园、静海、南通植物园、龙爪岩滨江风光带等六大森林景观组团，是集"森林公园、时尚休闲、滨江旅游"为一体、动静相宜的高品质公共活动空间，集中展现了南通"山水文化、滨江风貌"的城市个性和特点，是"面向长江、鸟语花香"的城市绿肺和生态客厅。这里四季分明，景致各异，春游桃源赏牡丹，夏有林溪避暑地，秋闻金桂醉心扉，冬观雪景踏梅来。

狼山国家森林公园

帐篷营地

　　森林公园内保存着 1026 亩江海平原面积最大的北亚热带天然次生林，俨然成为动植物天堂。以黑松、黄连木为代表的针阔混交林和以麻栎、枫杨为代表的落叶阔叶林，成为森林公园最具代表性的植物景观。公园内现存古树 132 株，形成了北亚热带地带性古树群落，狼山葫芦峰银杏和圆柏的树龄超过了 500 年，南麓崖壁上的柞木树龄达到360 年，古木参天，层峦叠嶂，在江淮地区极为罕见。水獭、猪獾等228 种野生动物，白鹳、白鹭等 82 种鸟类在森林公园内繁衍栖息。山间奇峰怪石、古松翠柏、寺院塔殿，鳞次栉比；林内竹林房舍、亭台楼阁、林风溪水，美不胜收。

　　狼山国家森林公园人文资源荟萃，千年传承。漫步于此，脚下步步是历史，放眼处处皆文化。狼山位列中国佛教八小名山之首，是佛教净土宗"西方三圣"大势至菩萨在中国汉传佛教的唯一道场，同时还供奉着身穿龙袍的大唐国师——大圣菩萨。山顶广教禅寺始建于唐总

彩虹桥

章二年（669年），距今已有1350年的历史，是长三角地区礼佛、祈福的圣地之一。狼山东北麓的题名坡有历代游山题刻15处，最早刻于五代十国时期，是研究南通古代历史文化的宝库。

近代实业家、教育家张謇先生以"士负国家之责"的爱国情怀，"洞明世界大势"的开放胸襟，"独力开辟新路"的创新精神，"言忠信行笃敬"的诚信品格和"兼济天下苍生"的民本意识，兴教育、修水利、建市政、办慈善，使南通成为当时闻名全国的模范县，被当代学界誉为"中国近代第一城"。狼山是张謇"一城三镇"城市规划实践的重要组成部分，张謇在狼山地区不仅修山筑路、植树造林，还积极保护名胜古迹，恢复重建了不少寺庙禅院，狼山地区逐渐成为"淮南江北海西头"的"灵山胜地"。

南通滨江临海，"黄金海岸"与"黄金水道"在这里交汇。狼山国家森林公园江天一色，已成为生态修复的典范。

近年来，南通市委、市政府按照习近平总书记关于"要把长江生态环境摆在压倒性位置"的重要指示精神，全面开展五山及沿江地区生态修复和保护工作，启动实施五山及沿江地区生态修复保护工程。狼山国家森林公园新增森林面积 6 平方公里，腾出修复岸线 12 公里；实施文旅功能嵌入项目建设，打造生态观光、幸福驿站、水上游览、拓展培训、健康运动等服务品牌，满足市民和游客多样化旅游需求。

狼山国家森林公园突出"生态文化、张謇文化、传统文化"三大主题，推动电动观光车公交化、便民驿站普及化、配套设施人性化，嵌入"慈航狼山"水上游、狼性精神培训拓展基地、玉兰湖垂钓新天地等文旅项目，布置赵绘沈绣之楼、林溪精舍、梅林春晓等文化展陈，让更多市民和游客共享生态修复成果。

一千多年前，北宋思想家、文学家王安石来到狼山，以一首《狼山观海》吟咏五山风光："遨游半在江湖里，始觉今朝眼界开。"如今，漫游狼山国家森林公园，面对诗意江山、青绿画卷，令人眼界为之大开。万里长江，南通五山，山水相邀，谱写时代新篇。

狼山：大江入海第一山

在南通五山中，狼山处于中心位置，东侧剑山、军山遥相呼应，西面马鞍山、黄泥山依江而立。中峰耸峙，诸山拱卫，狼山"第一山"的地形凸显。狼山上山门悬着宋代书法大师米芾所书"第一山"大匾。这"第一山"不仅是指它为五山之尊，更寓意狼山是由海入江的第一山、是江北平原的第一山。尽管狼山的海拔不过108米，但它却是当之无愧的"江海第一山"。

769年，日本文学家记载鉴真东渡的《唐大和上东征传》中，写到鉴真"乘舟下至常州界狼山"，被认为是关于"狼山"最早的文献记录。但南通地方史专家近年发现，在此前的二百多年，南朝陶景弘的《真诰》中，就有"海中有狼五山"的记载，并做了旁注"今直呼狼山"。由此可见，狼山之名的出现，应早于公元5世纪末。

唐总章二年（669年），狼山开山建寺，距今已有1350多年的历史。建寺的时候，狼山还在江中，来这里必须设舟以济，摆渡上山，所以最开始寺庙名"慈航院"。后周显德五年（958年）南通建城，慈航院

始改名为广教寺，沿用至今。"广教"，寓广教众生之意。宋淳化年间（990~994年），州官杨钧认为"狼"字不雅，以"琅"字取代，又因为狼山北麓岩石多为紫褐色，故称紫琅山，"紫琅"因此成为狼山的别名。宋天圣九年（1031年）前后，狼山才与陆地相连。

现在的狼山广教寺既是汉传佛教大势至菩萨的道场，也是大圣菩萨僧伽的修身之地，被誉为全国八小佛教名山之一。千年古刹狼山广教寺，2013年被评为全国重点文保单位。

广教寺的建筑极具特色，山包寺，寺包山，主要建筑依山而建，沿山道分布，形成"金龙伏狼"的格局。山下金刚殿是龙口，两侧大悲殿、轮藏殿是龙的犄角，法乳堂是龙头；山腰的藏经楼、三仙祠、葵竹山房等建筑是龙爪，山顶的支云塔是龙尾，山道则是龙身。

从山下金刚门拾级而上，可到法乳堂。许多游客慕名至此，为的是欣赏堂内的十八高僧像。十八高僧像出自南通籍画家范曾先生之手，由2304块瓷砖组成烧瓷壁画，完成于1983年，为中国现代壁画之珍品。这十八位高僧是从中国历代90多位高僧大德中精选出来，由中国佛协参与选定，他们都是为我国佛教事业的发展做出过重大建树的历代祖师。分别为安世高、道安、慧远、鸠摩罗什、法显、

狼山入山之门

北麓园秋色

达摩、智觊、吉藏、道宣、玄奘、善无畏、惠能、法藏、一行、鉴真、怀海、敬安、弘一。

上得山去，登大观台，可令人顿觉眼界大开。大观台，建于明嘉靖十八年（1539年），四望无际，洋洋大观，遂称大观台。这里南望大江如练，东西四山如带，堪称狼山观景绝佳处。

"长啸一声山鸣谷应，举头四顾海阔天空。"这是狼山上山门两侧的石柱上的一副名联，由清代通州知州平翰所书，气势不凡，境界高远，把狼山大观台的美景做了很好的概括，又何尝不是人生登高望远的至

慈航狼山

美心境。

　　进上山门，过萃景楼，即是供奉大势至菩萨的圆通宝殿。大势至菩萨与阿弥陀佛、观世音菩萨合称为"西方三圣"。大势至菩萨佛像高达4.5米，是山顶佛像最大的一尊。

　　狼山顶上最后一座佛堂大圣殿，供奉的是大圣菩萨。大圣菩萨即僧伽，又称"泗州大圣"，本是唐代从西域来的高僧，曾在江淮一带传教弘法、治水抗灾、医病救人，为百姓称道。

　　支云塔在狼山绝顶之处，虽经多次重修，依然保持了宋塔的基本风格。古人谓"江海拥金莲，乾坤落天柱"，这是南通古城特有的景观，把狼山支云塔拱卫江城之势，比喻得十分恰当。支云塔是狼山的地标，也是南通的象征。

　　登上狼山一览江山之后，无论是步行还是乘索道下山，都可以到狼山的山北漫步赏景。狼山素有"南畅北幽"之美称，山北统称北麓园，园中有园，景物相映，堪称灵山胜地。这里不仅自然景观引人入胜，还有众多古迹，成为集山、岩、石、峰、洞、溪，寺、亭、阁、楼、树、竹、花为一体的经典园林。

大自然造就了狼山北麓与狼山南坡截然不同的地理地貌。北麓多悬崖、峭壁、奇石、山洞，幽、险、奇、绝是它的四大特色。北麓园还有观音禅院、翠微亭、林溪精舍、天祚山房、赵绘沈绣之楼，以及摩崖石刻等人文胜迹，其中尤以张謇历史文化遗迹为显著。天祚岩下的题名坡，为狼山石刻最为密集之处，其中五代姚存题刻从实物上保存了南通最早的建置称号。

狼山不仅是礼佛圣地，还是文人追梦江海的诗意画卷。古往今来，灿若星辰的名家在狼山留下处处足迹和千篇诗文，积淀了狼山深厚的文化底蕴。民族英雄文天祥有诗赞曰："狼山青两点，极目是天涯。"北宋王安石经过狼山时，写下了"遨游半在江湖里，始觉今朝眼界开"的诗句；清代郑板桥留下笔墨"十指成林"；"初唐四杰"骆宾王、南宋将军金应、清代修撰《五山全志》的刘名芳、辛亥烈士白雅雨、朝鲜爱国诗人金沧江等在此长眠。清代文学家张裕钊的《游狼山记》被选入《续古文观止》，当代作家骏青、余秋雨等在狼山写下的文化散文《狼山铭》《狼山脚下》，引发无数读者对"江海第一山"心驰神往。

Tips

"慈航狼山"水上游

2021年10月，景区启动"慈航狼山"水上游项目，改变了以往游览狼山只能走陆路的"打开"方式，充分利用环山、沿江的水道优势，打造了一条水上游览线路，让市民游客从全新的视角领略五山生态修复保护后的山水之美、森林之美，感受通城独特的水韵风情。

水上游览线路全长7公里，目前设玉带河、茶语精舍等游船码头。游客通过坐在船上观景的方式，可实现春月赏柳、夏季观荷、秋日看叶、凛冬览雪的禅意水上之旅。饱览美景之后，还可以到玉带河畔的紫琅素面馆，品尝地道的狼山素面。

军山日出

军山：从普陀别院到气象

　　军山在五山中最为高大。海拔 108.5 米，在五山中最高；占地 5.4 公顷，在五山中山体也最大。尽管狼山的名声在外，但"五兄弟"关起门来论高低，军山还是称得上"老大"的。

　　军山的得名，旧传秦始皇曾在此驻军，一说是春秋时期吴王阖闾在此驻军；两说相传成习，今仍称军山。又因山势形如伏象，鼻首在东，尾势在西，故亦名象山。

　　军山号称沧海遗珠，直到清康熙后期才与江北陆地相连，此前一直是长江中的孤岛。俯瞰军山，山水相依自然构成一幅八卦图。军山有着独特的风光，登临山巅，放眼远眺，波涛、云雾、明月，水天一色，令人心旷神怡。西望四山绵延，景色尽收眼底。军山以位置佳、山体大、生物多样性丰富，历史名胜众多，成为滨江休闲慢游胜地。

　　位于军山之巅的普陀别院，作为观音菩萨在江北的道场，与狼山

飞瀑清泉

广教寺供奉的大势至菩萨、剑山文殊院供奉的文殊菩萨遥相呼应。明崇祯二年（1629年），高僧法空在狼山总兵王扬德的支持下，在军山顶上创建了普陀别院。书法家董其昌撰写了《军山普陀别院碑记》，"普陀别院"这名字正是他建议取的。董其昌认为，此处与浙江普陀山相比"不减珞珈真境"。此碑至今还保存在军山的普陀别院里，成为一段铭刻在青石里的珍贵历史。

军山当年除普陀别院外，还有十六庵，寺庙、宴堂最盛时曾多达百余处，为昔日东南佛门胜地，可惜大多在明末清初毁于战火。太平天国运动时期，因为有黄朝飏在军山一带组织"一杯茶教"，准备迎接太平军过江，其被镇压之后军山又一次遭到劫难。在漫长的岁月里，普陀别院成为满目疮痍、破败不堪的废寺。

中华人民共和国成立后，相关部门在军山上种植树木、药材、茶树，生态逐渐改观。改革开放大潮中，军山迎来又一次振兴。2002年开始重建军山景点，山顶恢复了普陀别院等历史建筑，山下新建承露台、大观瀑等景点，军山作为完整景区对外开放。

位于军山山顶的普陀别院与气象台

重修后的普陀别院，依据山形呈梯次由山门、钟楼、鼓楼、放生池、圆通宝殿、三十三应身观音石刻像长廊、翡翠观音楼等组成。山门牌匾由南通籍书画家范曾题写。

翡翠观音楼上，供奉着军山的镇山之宝"翡翠观音"。这座翡翠观音坐像，由整块翡翠雕琢而成，高 78 厘米、宽 71 厘米、重 362 千克。翡翠观音像经南北玉雕大师之手雕成，雕工精美，线条流畅，达到了佛教文化内涵与玉雕艺术外延的和谐统一。

军山气象台与普陀别院相邻，它是由张謇先生创办的中国历史上第一座民办气象台。走进这里，可以感受到当年"中国近代第一城"的风气之先。气象台以四角红瓦为顶，从军山脚下望去，宛如翠木林中一朵盛开的红莲。

军山气象台是张謇在南通博物苑测候室基础上于 1916 年 10 月建成的，于 1917 年 1 月 1 日开始观测。当时，军山气象台设备之齐全为国内仅有，观测项目之丰富、测报结果之精准也在国内领先。1918 年起，军山气象台开始编印月报、季报、年报，与 40 多个国家的气象台交流赠阅，并列入英国出版的国际气象台名册。张謇先生在实业救国的实践中，对于气象学高度重视，曾担任中国气象学会第一、二届名誉会长。

1949 年南通解放后，人民政府对军山气象台建筑加以保护，并按原状修复。1997 年初，国家气象局认定军山气象台为国人自建的第一座气象台，南通市政府将其旧址列为重点文物保护单位。2020 年，景区依托于张謇所建气象台，以"历史回顾"与"气象科普"为主要内容重新布展，设置了历史陈列、观云识天、3D 影院等主题，打造成军山气象台科普园，成为一个集历史文化、科学传播、山水风光为一体的游览场所。

军山东南山坡一带是有名的军山茶产地。虽然军山现在的茶树大规模种植于 20 世纪 70 年代，但军山的茶文化历史悠久。据记载，军山曾经有白云泉，为法空法师所凿，泉水碧莹而甘，清冽而寒，被誉为"江北第一泉"；白云泉之侧，有两块石头：一块茶灶石，用于煮茶；一块品泉石，作为饮茶台；由名士刘名芳镌刻。

军山问茶

　　南通唯一的产茶地即在军山，军山茶是极为珍贵的自然馈赠，被誉为"江北第一名茶"。军山茶园所产绿茶与碧螺春同源，茶叶色泽翠绿，茶味独特，清香持久，回味甘甜。每年明前上市，深受品茶人的喜爱。军山茶成为名茶，皆因此地山环水抱，云雾缭绕，光照适度，土壤独特，茶叶品质上乘；同时，也因物以稀为贵，南通除了此地再无茶园。

　　张謇先生在晚年致力经营五山时，在军山除了创建气象台，还于1919年在军山东麓修筑过东奥山庄。百年间几经沧桑，如今建筑已不存。对于追寻先贤足迹者来说，军山遗存还是值得去踏访的。

Tips

军山的生物多样性

　　在军山脚下东南侧有一个天然的弧形小山坳，现作为"军山自然生态保留地"得到严格保护。这里拥有山林、沼泽等较为完整的自然生态，共有植物468种，动物种类有360多种，被专家学者誉为江海平原上难得的野生生物基因库，如今已成为"狼山国家森林公园"的"核中核"。

剑山远眺

剑山：有慧剑，即名山

"狼山虚左军尚右，海水欲西江正东。"在张謇先生为剑山留下的楹联中，这一副联语道出其准确方位，呈现出当年江海奔流的景象。

剑山，位于狼山、军山之间，海拔 80.5 米，个头在"五山兄弟"中排老三，却是一座"特立独行"的山峰。与其他四山的纵向走势不同，剑山呈西北—东南走向的横向走势。因山形如横置的、出了鞘的宝剑，此山又名剑脊山。这要从工农路上往西看，剑山确实形如一柄远古时代的重剑。

剑山的得名还有一种说法，传说秦始皇曾巡游到此，在山石上淬剑。这个说法过于大胆，就连清代《五山全志》的作者刘名芳也不敢采信，认为此说来自"好事者"。两千多年前，剑山还是汪洋大海中的小岛，直到明代才上岸，要说始皇帝带着大秦旅行团能成功登岛磨剑，听上去的确不靠谱。

但是，秦始皇与狼五山的传说，真的就是无稽之谈吗？请看历史界权威人物司马迁的《史记·秦始皇本纪第六》，还是存在这种可能性。书载："三十七年十月癸，始皇出游……上会稽，祭大禹，望于南海。还，过吴，从江乘渡，并海上，北至琅琊。"秦王政三十七年（前210年）就是秦始皇生命中的最后一年。在这次长途之旅中，他自吴地（苏

州一带）"从江乘渡"出海往山东。按照这样的线路，从长江出海，狼五山是必经之地。一看江海合流，云山雾罩，矢志追求长生不老的始皇帝很可能就以为到了传说中的"海上神山"，在此歇息下来，虽未寻到仙人，顺便磨个剑也是符合其人设的。

一座以兵刃命名的山，自带"论剑"的武林之气，而山上居然还有一处名头响亮的"赤壁"。这个当然跟火烧曹公之地没有一丝关系，只因剑山东南峭壁陡立，峰奇石危，因"山石色赤赭"，取名赤壁。由山上向东俯视，南通植物园美景尽收眼底。如果从山下自东西望，剑山赤壁，亦是壮观。赤壁之下，种植大片桃花，是真实的"桃源谧境"。

事实上，在南通人的心目中，剑山并不是尚武之地，相反是一座文气沛然的山峰。这种气质的形成，与剑山顶上的文殊院有关。

剑山为文殊菩萨在南通之道场。文殊菩萨又称为大智文殊，在民间是智慧、知识的化身。清末状元张謇曾在六十大寿之后，用寿礼修建剑山庙宇。1926 年，也就是他生命的最后一年，再次出资修复剑山

剑山云雾

庙宇，主供文殊菩萨，并总称文殊院。当代的剑山文殊院几经修整，渐成规模。

南通人历来崇文重教，祈求金榜题名，成为代代学子孜孜以求的事。剑山文殊院留下诸多张謇的足迹，对这位学霸中的学霸，南通人也是奉若神明。因此，如今每年中考、高考前夕，会有不少家长携子女上山敬香，以祝愿考试顺利、得偿所愿。当然这这只是一种心理寄托，要炼成学霸，须得经历寒窗之苦，要下"十年磨一剑"的苦功，靠烧香许愿是不行的。

剑山是张謇钟爱的一座山，他晚年认为，"未可独遗剑山，顷为改而新之"。他不但出资修建文殊院，还多次为剑山写诗作联。这些联语多含禅趣、富有哲理。

其山麓门楹联语为"心通三昧海，山共五台天"。道出剑山文殊院与文殊菩萨主道场山西五台山的关联，而"三昧"意为"正定"，即屏除杂念、专注一境之谓，这个其实对莘莘学子点明求学之奥义。

张謇为剑山山门题对："无慧剑，有慧剑；非灵山，即灵山。"此联巧妙地双嵌"剑山"二字。慧剑之说，出自文殊菩萨形象。其通常手持慧剑，喻以智慧利剑斩断烦恼。所以，登剑山之顶，不应只求一两场考试结果，而应追求智慧与真理。

在剑山的人文景观中，有两处纪念地值得后人去探访，这与两位追求智慧与真理的专业人才有关。

一处在剑山西北的山道旁，立有一块陈实功纪念碑。陈实功是明代南通著名外科学家，于1617年编著《外科正宗》一书，反映了当时我国外科学的重要成就。陈实功不但医术高明，而且医德高尚。史料记载，陈实功经常来五山采药，在剑山脚下的炼丹石上熬制"青丹丸"。

另一处，在剑山南麓菩提洞之西，有荷兰水利工程师亨利克·特莱克之墓，他为近代南通水利事业做出过重大贡献。墓名由张謇先生书写。1916年，张謇聘请特莱克来南通指导水利设施建设。1919年8月，特莱克在勘视水利工程中传染上霍乱，不幸病逝，年仅29岁。在征得特莱克家属同意之后，南通人民把他安葬在剑山脚下，他的名字永远铭刻在后人的心里。

剑山脚下的公路被誉为"最美山路"

马鞍山的虞楼

马鞍山：登虞楼，赏梅林

马鞍山位于狼山西南侧，因其东西两峰耸立、中间平坦，形似一副马鞍而得名。马鞍山尽管最高处海拔不足 50 米，但因为它凭江而立，自古便是观江景的绝佳处。如今漫步马鞍山，虞楼和梅林春晓是值得一游的打卡点。

虞楼，又称望虞楼，位于马鞍山东岭，是张謇为纪念其恩师翁同龢而建，意为登楼可远眺大江南岸的常熟虞山。

这幢建于 1921 年的小楼，是史上一对著名的状元师徒生死情谊的见证。张謇的成功之路，离不开两朝帝师翁同龢的大力提携。1885 年秋顺天乡试，张謇以第二名中"南元"，即南方人参加北方试的第一名举人，在京期间与翁同龢建立了师生之谊，自此交往密切。1894 年，张謇参加因慈禧六十大寿特设的恩科试，会试、复试顺利通过，殿试又因翁同龢从中推荐，终以一甲一名独占鳌头。

从滨江回廊可拾级登上虞楼

　　翁同龢是江苏常熟人，咸丰六年（1856 年）状元，曾任军机大臣兼总理各国事务衙门大臣等要职。中日甲午战争时，作为主战派，主张由光绪帝亲政，变法图强。1894 年张謇考中状元步入仕途后，因见解相近，与翁同龢联合参与了一些政治运动。不久，张謇辞官回乡，开启了实业救国的一系列实践。翁同龢对爱徒的事业深为赞赏，在张謇创办的大生纱厂开机后，翁同龢特欣然题联相贺："枢机之发动乎天地，衣被所及遍我东南。"1904 年，翁同龢去世前夕，自拟挽联一副，遗命张謇为之书写："朝闻道夕死可矣，今而后吾知免夫。"

　　1921 年，年近古稀的张謇前往常熟虞山拜谒翁师墓，捐资助修墓庐。张謇隔江望见南通五山，心生一念，回到家乡后，即在江畔马鞍山上建造一幢二层山楼。登楼观江，在云雾中依然隐隐约约可看得见对岸的虞山，故名虞楼，以此作为对恩师永远的纪念。

22

张謇为山门撰写了楹联："山根拟改丹砂井，江上唯瞻白鸽峰。"现原作已不存，由本地书法家重新题写。

　　虞楼曾荒废多年。1998年，此建筑成为南通市文物保护单位。2000年，狼山景区按原状予以修复重建。景区对虞楼重新布展，以展现张謇和翁同龢之间的师生情谊及爱国情怀。

　　如今游人走进虞楼，可以通过丰富的史料展陈去感受百年历史风云。主楼门楣上为张謇所题《虞楼匾跋》，陈述了他建虞楼的原因和用意，"窗中影入青牛梓，江上云标白鸽峰"。

　　为了给游客带来更好的游览体验，景区在虞楼的厢房等处精心打造出互动空间。西厢房设有松禅书房和笺谱坊，前者取自翁同龢之号，在此可品茶读书、追慕先贤；后者为《石竹斋笺谱》的制作体验区，游客可自制信笺纸，手书一封寄予最想感谢的老师，以承张謇先生不忘师恩的精神。虞楼邮驿设有专门的信箱，来传递这份古典的美好。东厢房辟有东岭雅室，得名于张謇《宿虞楼》诗句，可作笔会雅集、闲情休憩之所。其诗为："为瞻虞墓宿虞楼，江风江雨一片愁。看不分

修整布展后的虞楼

明听不得，月波流过岭东头。"

在马鞍山东南麓的山脚下，是另一位近代苏州籍名人的长眠之地——沈寿墓。1921年6月，享誉海内外的刺绣大师沈寿去世后，遵其遗愿，葬于南通。沈寿墓前有座石坊，门额上镌张謇楷书："世界美术家吴县沈女士之墓阙"。2002年，沈寿墓被公布为江苏省文物保护单位。"石藓春深一染翠，岩花雨后展埋红"，这里成为人们缅怀一代"针神"的纪念地。

梅林春晓，位于马鞍山翠屏峰西临江处，是一座具有江南园林特色的建筑群。梅林春晓建于1982年，是为纪念张謇先生及其所建梅垞，依据当年画中"梅林春晓"的题匾，依山而建。"梅林春晓"匾额为范曾所题，"梅开梅落林月澹，春去春来晓风酣"的联语，也让游人到此，顿觉神清气爽。

院内曲径回廊，连接七座亭阁，在此间品茗、赏景、观江、听涛，别有一番诗情画意，有人誉之为"天下望江第一楼"。2021年，这里增

梅林春晓

24

赏梅胜地

设了长江生态保护展陈馆，又为景点增添了新时代的气息。

　　山下梅林种植了大量的梅花，已渐成为一片滨江"香雪海"。目前，梅林内种植了骨里红、绿萼、朱砂、宫粉、玉蝶、宁心、南京红、墨梅、垂梅、江梅、丰后、杏梅、台阁、美人梅、龙游梅等十多种梅花。梅树一棵棵间隔有序，一簇簇梅花开在枝头，迎寒风绽开，早一步送来春的气息。

　　每年春节前后，近万株梅花盛开，这里已成为南通人赏梅打卡的人气景点。

站在黄泥山眺望龙爪岩

黄泥山：山不在高，有仙则名

黄泥山紧邻马鞍山西侧，因山土多为黄色而得名，是五山中最娇小的"妹子"。尽管海拔不到 30 米，然而她傲立于长江边的身段和气势，却不是寻常的小山丘所具备的。

此山很有来头，在近千年前的宋代地方志里就有记载。"山不在高，有仙则名"，仿佛是为她量身定制的推介词。当这里还是江中小岛时，相传有龙舒仙女居其间，七十老妪，却容颜如玉，后仙化而去。古人因称此山为仙女山。又因前人在山上建塔以纪念仙女，还被称为塔山。

黄泥山虽不高大，但其峥嵘奇绝的山石，斧砍刀斫般的悬崖，大江奔流的视角，还是给人带来乱石穿空、惊涛拍岸的震撼。黄泥山主峰为狮子峰，建有狮踞亭，是登高览江的胜地。峰下的虎口矶上，虎啸轩背倚峭壁，这里江潮涌来便无通达处，故游人不敢问津。黄泥山观潮，历来也是五山一景。"万里春潮顷刻生，望时群壑片时盈"，诗中所述的就是这样的奇观。

种梅不惜地要生香海春
冬心吾自抱还待识花人
壬戌一月啬翁题置千
五百本梅花馆 披君

　　龙爪岩是黄泥山西麓的延伸，嶙峋的脊石如龙爪探入江中，蔚为壮观。这里原先也是一座山丘，就是被地方历史文化研究者称为"南通第六山"的镶山！

　　张謇建此梅垞不仅有寄情山水、超然凡尘之意，同时也是为纪念与梅兰芳先生的交游之谊。当年梅兰芳应张謇所约，欣然写下"千五百本梅花馆"的匾额。张謇将他和梅兰芳的合影，悬挂梅垞之中，并在照片上题诗："问谁与梅称，替梅郎有影。冬春雪月天，共享山溪冷。"

　　由于江岸变迁，加上后来的炸山取石，镶山和梅垞，早已消失在历史长河里。梅垞留下数件遗存之物，其中包括主体建筑的"千五百本梅花馆"的残匾，还有一件是"珠山八友"之王大凡手绘的瓷板画屏，上面烧有张謇题诗："种梅不惜地，要生香海春。冬心吾自抱，还待识花人。"其款作"壬戌一月啬翁题置千五百本梅花馆"，壬戌是 1922 年。

　　如今的龙爪岩，三面江水环抱，一壁青山屏立，为游客喜欢驻足

梅林春晓思古图

的地方，其景不亚于太湖鼋头渚。漫步其间，顿生"行到水穷处，坐看云起时"之感，这里也是欣赏夕阳、晚霞的佳处。龙爪园内建有鉴真东渡纪念塔，让人抚今追昔，忆起当年航海途中在此遇险的唐代高僧鉴真。长堤尽头的白色灯塔，直插江中，已经成为一处网红打卡点。

Tips "南通第六山" 镶山

称之镶山，因其"镶"在五山的西边缘。张謇于1919年6月又在此山之南建造了梅垞，附带着一座种有千株梅树的园林。在他自撰年谱中，记的是"营镶山梅垞"。同年，张謇还写了一篇《相山记》，"相"者辅佐之意，为五山之辅。张謇在文中提到，不能因镶山之小而轻视它。张謇组织南通师范学校学生绘制的《南通县舆图》，留下了镶山的珍贵第一手资料，其最高处不过20米，东西长约30多米。1958年因炸山取石，镶山从此消失。

五山滨江片区：沧桑巨变，只此青绿

　　站在五山地区滨江栈桥上远眺长江，江岸葱茏蓊郁，江水浩浩汤汤，一桥飞架南北、天堑变通途。2020年11月，习近平总书记视察江苏第一站就来到南通，称这里是沧桑巨变。

　　万里长江一路奔流，到南通时江面宽达10公里，烟波浩渺，水天一色。南通是万里长江入海的最后一段生态屏障，狼山国家森林公园沿长江岸线约七公里。

　　2016年以来，南通市委市政府落实习近平总书记提出长江"共抓大保护、不搞大开发"重要指示精神，按照"山水林田湖草是一个生命共同体"的要求，全面开展五山及沿江地区生态修复和保护工作，对该片区进行游览线路整合，将七公里五山滨江岸线贯通并向市民开放，还山以林、还江于民。

滨江栈道

　　通过三年多的全力推进，五山及滨江地区生态环境发生了历史性蝶变，狼山国家森林公园成为南通首个国家级森林公园。这一区域内发生了翻天覆地的变化，原来的重灾区硫黄码头变成了如今的滨江花海，集装箱码头正在连接"滨江绿廊"。市民游客漫步在风景如画的滨江绿道，切身体会习近平总书记"绿水青山就是金山银山"的深刻内涵，对南通生态城市的建设予以支持和配合。

　　滨江片区生态环境的提升，国家一级保护动物——江豚在这里的江面上频繁露面。漫步滨江，运气好的话，能看到"水中大熊猫"江豚逐浪嬉戏。江豚作为长江生物链的顶端动物，其频繁出现也证明了长江渔业资源的初步恢复，长江生态保护已经初见成效。南通历来有"长江三鲜"的说法，也就是"刀鱼、鲥鱼、河豚"，前几年鲥鱼已经绝迹，河豚也很少看得到，刀鱼更是物以稀为贵了。就连渔民都说，如果再不禁渔的话，恐怕子孙后代就只能在图片上看到"长江三鲜"了。对于长江"十年禁渔"政策，南通老百姓非常理解和支持。

现在的梵音广场南依长江，江面视野开阔，一望无际，大小船只点缀着江面，就好像一幅泼墨山水画。长江大保护，水质明显清澈，江豚在这里也出现频繁，这里已经成为观江观景观豚的绝佳地点。

2019 年 12 月至 2023 年 10 月，南通相关部门、摄影爱好者、志愿者在市区滨江公园、龙爪岩、梵音广场这段江面共观测到江豚 135 次，372 头次。

2023 年 11 月 12 日，南通江豚湾项目启动揭牌。江豚湾将以滨江区域多个空间节点为依托，打造以江豚文化为核心的南通长江生态保护段江面，推动"江豚有缘而来，江豚游江而现，江豚文化展示，保护江豚留下"四大主题节点项目建设，全面展示长江大保护的成果，让广大市民、游客更好地亲近江豚。2023 年 12 月，"寻找'蓝焱焱'——南通江豚湾科考大型融媒体行动"，由南通日报社牵头组织，邀请"深潜英雄"、南通籍科学家崔维成教授领衔的团队提供技术支持，吸引了线上线下的普遍关注。

五山地区森林生态系统对本土物种起到了至关重要的庇护作用。五山保存了近 600 种本土植被，对自然生态环境要求较高的蕨类植物在五山种类和数量众多；五山还聚集了狗獾、黄鼬、雀鹰等食物链等

"微笑天使"江豚频频出现在五山滨江

滨江浴场

级较高的动物，昭示了五
山片区具有较为完整的森
林生态系统食物链；五山
森林生态系统还是黄檀、
梅花鹿等珍稀濒危物种的
重要庇护所。

江豚结伴嬉戏

踏上揽江绿道，旁边
的江堤号称"南通的小外
滩"。这里已经成为南通市民观江、听涛、赏日落的上佳之地。狼山国
家森林公园，除了滨江七公里的生态景观岸线，还建成南通植物园、
军山绿野、静海等开放区域，森林覆盖率高达80.83%，是南通名副其
实的"城市生态绿核"。

滨江风光带向市民免费开放，众多市民、游客慕名前来打卡。为
了提升游览体验，景区配备了观光电瓶车，开通多条游览线路，建立
车辆导视调度系统。目前已经实现十分钟一班次的观光车公交化运营
模式，方便市民和游客一天内无限次畅游森林公园。森林公园按照"每
一公里范围布局一个驿站"目标，打造了"滨江、悦动、西林、介山、
浮生、水云"等12个主题的"幸福驿站"品牌，提供优质的便民服务。

　　滨江体育公园地块，则是运动爱好者的乐园。这里几年前还曾经是一片杂乱的散货码头，周边居民生活环境脏乱差，江边捕鱼小船混杂，"滨江不见江，近水不亲水"。经过滨江生态修复工程，这里建成以市民体育休闲为主要功能的滨江体育公园，包括露天泳池、沙滩，还有篮球场、足球场、轮滑场等锻炼场地设施，还有可供万人活动的大型草坪广场。这些设施场地免费向市民开放，并已经举办过多场大

滨江花海

型户外音乐会、演唱会。2019年10月，作为中国森林旅游节主体活动之一的"长江之歌"森林音乐会就在这里唱响，为中外嘉宾和南通市民献上一场与长江"零距离"的视听盛宴。

如今的五山滨江地区，实现了从城市后巷到城市绿核、由工业锈带到生态秀带的历史性蝶变，一幅《千里江山图》那般的青绿山水长卷已徐徐展现。令人不由得赞叹："美哉，崇川福地！"

全国重点文保单位张謇墓

啬园：啬公长伴五山灵

　　一位酷爱树木的老人，曾留下过"人与草木"的至理名言。在他去世之后，每年都有亲朋到他的墓园种树。百年之后，这里就成为一片森林。

　　啬园，是近代实业家、教育家、清末状元张謇先生的长眠之所，是人们纪念先贤、缅怀张謇企业家精神的绝佳处。

　　啬园的"啬"字，取自于张謇的号"啬庵"。这个"啬"，并不是"吝啬、小气"，而是"简朴、节约"。张謇一生非常节俭，在世时粗茶淡饭，生活勤俭，晚年以"啬翁"自称，所以啬园旧称"啬公墓"。1958年起改称南郊公园，1983年定名啬园。2001年，啬园成为全国重点文物保护单位。

啬园历经几次扩大，目前总面积610000平方米，是狼山国家森林公园的重要组成部分。园区环境幽静、树木葱茏、花香四季，自然与人文、传统与现代融为一体，形成名人、鸟语、花香、鱼游、绿色、休闲的园林特色。

1926年8月24日，张謇病逝于濠南别业。11月1日，遗体安葬于啬公墓。当天，南通城万人空巷，举城同悲。张謇的墓地紧邻五山，是他生前自己所定。1922年，他在南通南郊的袁保圩购地53000平方米。张謇曾自拟墓门联语："即此粗完一生事，会须长伴五山灵。"足以表明他对五山的感情。

江海锦绣，五山长青。张謇与五山可谓情有独钟，绩效昭著。他在五山种树护林、疏理水系、系统治理生态环境；他兴办军山气象台、狼山盲哑学校等公益事业；他建筑林溪精舍、西山村庐、东奥山庄等别墅，在此游览、避静、读书、赋诗、会友；他笃信佛教，在狼山、剑山、军山、黄马山捐资修建庙堂。这一切，为现今五山地区创建国家级森林公园奠定了基础。

张謇墓前牌坊

　　张謇一生钟情于草木。我国最早的《森林法》和植树节，也均是在他担任民国农商总长的任期内所倡导和颁布的。啬园核心区内有许多珍稀树种，是墓园建造时由张謇的国外朋友和亲友所赠，如日本柳杉、池杉、红豆杉、大龙柏、璎珞柏、赤松等。墓道两旁36棵枝干遒劲的大龙柏，与南京中山陵的龙柏为同一时期栽种。1931年，张謇的学生发起建纪念林。张謇爱好种树的理念得到继承和发扬，啬园内的树种越来越丰富。

　　如今的啬园，花木葱茏、枝繁叶茂，有珍稀树种200多种、总数万余株，可谓是一处精致的森林公园和植物园。它是一座是空气质量好、负离子含量高的生态园林，素有"城市氧吧"之称。张謇先生一

生爱梅花，啬园里的梅花品种多样，是南通赏梅胜地之一。

　　怀着崇敬之情拜谒过张謇墓之后，可以到不远处的张氏飨堂和憩厅追思先贤的业绩。张氏飨堂是啬园最早的建筑，建于1927年，为张謇后人祭祀的场所。这里展出了张謇不同时期的照片、资料，还陈列着张謇用过的部分家具和摆件。憩厅又名待吟书屋，建于1956年，郭沫若曾为此题写"张季直先生纪念馆"的匾额。现辟有"先贤张謇故事汇"专题展。建于1976年的"临溪鹤影"，包括可以观赏金鱼的鱼乐廊，留下了南通人对南郊公园的那段回忆。

　　啬园核心区外围形成的生态区、休闲区，更强调生态的基调、人与自然的和谐。

玉兰谷

　　玉兰谷的名字源于该区域内种植了南通市树广玉兰，还有二乔玉兰、紫玉兰、白玉兰，共计万余株，是南通地区种植规模最大的玉兰林。玉兰谷的中心有一片美丽的湖泊——玉兰湖，犹如一面明镜嵌入绿色背景中。以玉兰湖为中心的拱桥、亭、台、廊、舫，起伏变化的游步道和小园路，一环接一环，达到移步换景的效果。玉兰湖上设有专业钓台，垂钓爱好者们可以一展身手，在满眼苍翠的湖畔静静享受垂钓的乐趣。

　　荷花池位于啬园北扩区域，占地约 1000 平方米。通过塘栽方式展示 100 多种荷花、睡莲，囊括了白、红、蓝、黄、粉等五种颜色，常见的有大红袍、蝶恋花，还有重瓣的香雪海、小公主等。炎炎夏日，在小桥流水边观鱼赏荷、驻足小憩，是夏季纳凉的绝佳去处。

　　啬园每年推出四大特色主题活动，分别是新春游园会、迎春百花会、夏季荷花展和秋季百花展。一年四季，花开不败。让人们在追踪先贤足迹的同时，观赏满园的花团锦簇，共享这一片绿水蓝天。

南通植物园：山水之间深呼吸

　　如果你想找一个可以看得见山，亲近于水，纯粹放松心情的地方，那可以到南通植物园走一走。到这里，在山水之间来一次深呼吸，绿植繁花吐纳出清新的空气，万物生长繁茂葱茏，眼里尽是令人陶醉的绿。漫步植物园，小桥、湖泊、假山、草木应有尽有，清气流溢，沁人心脾。这座兼具城市公园功能的新型植物园，正成为市民休闲娱乐的打卡地。

　　2018年，南通植物园对外开放，西临工农南路、东接园林路、北依花园路、南至壹城，按照规划定位是以科普性和专业性为基础，兼具园艺、保育、科研等多种功能，展示长三角植物为主，打造水生植物特色和地域特色的新型植物园。

南通植物园秋景

　　2022 年，园内补植柏木、榉树、青冈栎银缕梅、长叶榉树等 19 个稀缺品种和凹叶景天、虎仗马齿苋、紫萼等药草类植物，逐步引种适宜在本地生长的植物，重点引种已经不常见的珍稀树种，为市民游客带来更丰富多样的景观美感。

　　南通植物园作为狼山国家森林公园的重要组成部分，总占地 125 公顷，通过办好春品月季、夏观荷花、秋赏金菊等花事园事活动，着力展现五山的山水之美、森林之美。当月季花展，抑或是菊花展等盛大的花事园事活动在这里举办时，南通人会不约而同地赶过来赏花观展，朋友圈那几天都被这些风姿绰约的花朵刷爆。

　　这是一座兼具了城市公园功能的新型植物园，整个园区由盆景园、珍稀濒危园、蔷薇园等 18 个专类园组成，并按照水生园、陆生园、色彩园划分为三类，每一个园林都是花园式的设计，尽显通城地域特色与江南风情。

　　南通植物园打造了国内首个色彩系统园，一年四季色彩变幻令人心旷神怡。红色花园以红色植物为主，沿途有四季秋海棠、绣球花、石榴花、一串红、美女樱等红色花卉，迎合了夏季活力热情的氛围；

植物园之夜

粉色花园，以日本早樱和日本晚樱为代表，打造春季浪漫景观；黄色花园则以黄连木、朴树、银杏、金枝槐等树木为主景树，以金桂、枇杷、楸树、梓树等为配景树，到了金秋时节又是色彩斑斓的浪漫景观。

珍稀物种的栽培，生物多样性的保护，让植物园也成为不少鸟类的休憩点。这些"天外飞仙"栖息在枝繁叶茂的树林中，啄食着新鲜的果实，在人少安静的早晨，它们放开胆子飞到的湖面上，停驻在栈桥旁。2022 年，植物园还飞来了一只珍稀濒危鸟类白颈鸦，这也是 30 年来南通地区首次发现白颈鸦。

在南通植物园曲径深处，古朴雅致的盆景园坐落其中，这也是这个植物园的一大亮点。南通的通派盆景享誉海内外，是非物质文化遗产的一张亮丽名片。

穿过盆景园大门，映入眼帘的是叠石成山，茂林修竹，潺潺流水之声则不绝于耳。整个盆景园规模达 29 公顷，为中式庭院式布局，建筑以大白墙、清灰瓦、深棕色线条，将传统元素与现代形式融于一体。在设计理念上，取传统博古架的展示原理，让人多角度观赏每棵盆景，并极具江南园林的文化底蕴。盆景之美是"掌上山水，假景真趣""胸

盆景园

有丘壑，得心应手"，微型盆景尤是以小见大、境由心造，无论意趣，或是情怀，皆一花一世界、一盆一格局。

南通植物园（盆景园）将濠西路盆景园等处的盆景全部搬迁过来，总计340多盆。罗汉松还分中叶罗汉松、小叶罗汉松、雀舌罗汉松等，其中大型一百多盆，尤以通派盆景造型"两弯半"为核心。这些盆景见证了通派盆景的悠久历史。其中，"蛟龙串云"盆景已有480多年树龄，是公认的雀舌罗汉松的"祖树"。

在水泥森林快节奏的都市生活待腻了，不妨来植物园转一转。放慢脚步，尽享自然之美，伴着花香鸟鸣，还能多识草木之名，这样的体验真是"始觉今朝眼界开"。

濠河风景区：城在水中坐，人在画中游

濠西书苑

　　每个南通人的心中，都藏着一些与濠河有关的记忆。每位到南通来的游客，都值得拥有一段遇见濠河之旅。

　　濠河是国内为数不多的不收门票的 5A 级旅游景区。每天自由出入景区，甚至在这里生活，枕河而居，这是南通人的福分。

　　"城在水中坐，人在画中游"，是人们对南通城与濠河水的由衷赞叹。濠河风景区以千年古护城河——濠河为依托，位于国家历史文化名城南通老城区的中心，占地 3.23 平方公里，是汇自然景观与人文景点于一身的环城敞开式景区。2012 年，成为国家 5A 级旅游景区。

45

　　濠河是国内目前保存最为完整的古护城河之一，史载后周显德五年（958年），通州城"筑城即有河"，当时的军民利用天然的河沟水泊开挖出这条绕城的河流。如今的濠河全长10千米，水面约693680平方米，最宽处215米，最窄处仅10米，是南通的"第一生态圈"。

　　十里古濠河曲曲折折，迂回激荡，呈倒置的葫芦形状环抱老城区，

夜游濠河，可以看到两岸流光溢彩的景象

形成了水抱城、城拥水，城水一体的独特风格，素有"江城翡翠项链"
之称。1995 年被省政府列为江苏省第一批历名文化保护区，2005 年荣
获中国人居环境范例奖。

泛舟濠河，或漫步濠滨，一座城市的千年历史与你无比接近。濠
河沿岸有众多景点名胜，唐代古刹天宁寺、宋代古城墙遗迹北极阁、

元代谯楼、明代古塔文峰塔等古迹，令人抚今追昔。作为张謇先生等先贤打造的"中国近代第一城"的核心区域，濠河周边更是留下多姿多彩的近代历史文化遗存。

这些年，在濠河风景名胜区的建设中，南通人以这条千年古护城河为依托，严格保护历史遗存的寺街、西南营和濠南街区，存续了一份典型的州府形制的古城格局和风貌。与此同时，南通人还最大限度地保留着大量近代园林建筑、颇具规模的环濠河博物馆群和丰富的非物质文化遗产等人文胜迹，并开发了一批极具地方特色的旅游项目。

探访环濠河博物馆群，是游览濠河的最佳路径之一。张謇于1905年创办的中国首座公共博物馆南通博物苑，即位于风光旖旎的南濠河之滨。张謇故居濠南别业，也在博物苑内。"神州第一馆"南通博物苑，如今是不少人游览濠河必到的打卡地。张謇开创博物苑时，就考虑到了其园林功能。南通博物苑之旅，会让你改变对博物馆的认知。

以南通博物苑为龙头形成的环濠河博物馆群，包括十多家各具特色的博物馆，成为当代南通的一张闪亮的城市名片。与南通博物苑一河之隔的南通群英馆，有小桥可以连接，这里是江海儿女的荣誉殿堂，也是外地游客了解南通的重要窗口。中国珠算博物馆、中国审计博物馆、南通纺织博物馆、南通蓝印花布博物馆、沈绣博物馆、南通风筝博物馆、南通中医药博物馆等，还有濠河向游客做"自我介绍"的濠河博物馆，它们如同濠河边的一颗颗闪亮的珍珠，串起了一挂美丽的项链。选几个你感兴趣的博物馆去逛逛，可以感知南通这个"文博之乡"的不凡底蕴。

1915年起，张謇在西濠河上建东西南北中五座公园，三年建成，称为五公园，是中国最早的一批大众公园之一。中华人民共和国成立后，改建为文化宫、少年宫等公共场所，成为通城百姓喜闻乐见的濠滨乐园。当年五公园的社会教化功能，已经分散到濠河其他各处，但五公园所在的核心区域，依然是濠河上人气最旺的休闲之地。从五公园核心区域往北，是南通人引以为豪的环西文化广场。广场占地面积2万平方米，是一个集文化娱乐和健身休闲于一体的综合性广场。800平

中国算计博物馆

城隍庙

国珠算博物馆

濠西书苑

寺街历史街区 天宁寺

南通盆景园

钟楼广场

蓝印花布馆

濠东绿苑

丁古角步行街

西南营历史街区

环西文化广场

怡园休闲半岛

群英馆

沈寿艺术馆

南通博物苑

个簃艺术馆

西寺

文峰公园

南公园

伶工学社

体育公园

濠河手绘示意图

濠河龙舟赛

方米的水晶舞台是广场的一大亮点，它将"亲水平台"的设计理念引入舞台设计之中，整个舞台如悬在水面上，被水环抱，演员可从河中乘舟登上舞台。这里已经举办过多次大型的文艺演出活动，闻名国内的群众文化品牌"濠滨夏夜"也在此处唱响。

如今的濠河岸线，绿树掩映之中，还有濠西书苑、西寺、体育公园、映红楼、怡园、梅庵书苑、濠滨绿地、柳叶渡、城隍庙、北极阁、桂花岛等众多景点，值得走一走，游一游。这些形态各异的环河建筑，并不是热门景点，但每一处都各有其精彩，让人领略到南通这座水韵之城的闲适与灵气。

来濠河景区游览，千万别错过负有盛名的濠河夜游。濠河水上观光巴士，将濠河最为精华的水陆景点有机融合。与白天相比，夜游濠河，堪称最佳打开方式。华灯初上时分，乘一叶画舫，在濠河里畅游。

曼妙的水面上流光溢彩，仿佛洒下了无数的碎金银屑。夜幕下的濠河，恰似十里图卷，兰舟过处，风景渐次展开。濠河岸边，古老的亭台楼阁与现代建筑都被绚丽的灯光映射，倒映在河面上，呈现五彩缤纷，如梦如画。一艘夜航船，穿行六桥里，可尽赏与白天截然不同的美景。"醉后不知天在水，满船清梦压星河"。如果带着沉醉的心情夜游濠河，那则是一种别致的体验。

2018年，南通市委、市政府开始了新一轮的濠河整治提升。目前，通过系统的规划建设，景区生态环境水绿交融，滨水游步道全线环通，成为城市空间的生态廊道、健康步道，同时串联了景区优质文博景点，全方位展示"中国近代第一城"的发展脉络和"文博之乡"的古韵今风，城市会客厅更加名副其实。

南通博物苑：带你打卡"近代第一馆"

　　2005 年 9 月，位于濠河之滨的南通博物苑迎来了一场国内文博界的盛会，由文化部、国家文物局和江苏省人民政府联合举办的"南通博物苑一百年暨中国博物馆事业发展百年庆典"在此举行。南通博物苑迎来百年苑庆之时，即是中国博物馆事业走过百年历程的纪念日。

　　由此上溯一百年，1905 年，先贤张謇在这里建立了中国人自办的第一所公共博物馆。在博物苑南馆楼上，高悬着张謇所书的一副对联，道出了创办的宗旨："设以庠序学校以教，多识鸟兽草木之名。"

　　张謇特别强调博物馆的教育功能，将它作为学校教育的辅助机构。新兴的博物馆事业，是张謇教育救国总体设计中的一环，也是他大规

博物苑之春

模经营城市进程中的一个重要的公益项目。

此前两年，张謇在赴日本考察时，对当地的博物馆留有深刻印象。1905年，他分别投书清政府新成立的学部和倡议新学的大学士张之洞，建议在京师设立合图书、博物于一体的帝室博物馆，并以此来"渐推行于各省，而府而州而县"。

张謇办博物馆的上书遭冷遇后，他即采取三年前创办师范学校的做法，在家乡南通自己动手创建博物馆。他选择在南通城里风光秀美的濠河南岸营造博物苑，购并地29家，于第二年建成了面积35亩多的园林式建筑。在张謇1906年1月3日的日记中，有"规划博物苑"的最早文字记录："数月前，筑苑垣，建苑表门。"

张謇给这座崭新的博物馆取名为苑，有园林、园囿之意，反映着他对环境的重视。用现代术语来说，张謇从防范"博物馆疲劳"方面别具匠心。南通博物苑建成后，其中不仅成列文物标本，还饲养禽鸟，广植花木，并建有假山、池沼及亭台楼榭等园林设施，形成了"博物馆＋动植物园＋传统园林"的优美组合。

张謇建议在京师创办博物馆，是看到皇家有足够数量的藏品积累。平地而起的南通博物苑，创办之初在藏品方面几乎是一片空白。为了弥补这一先天不足，张謇使出浑身解数来搜集藏品。

张謇深知，博物馆的社会进步意义在于能化私人所藏而"公诸天下"，他毫不吝惜地率先捐赠自己的收藏，甚至是"謇家所有，具已纳入"。同时他又不惜代价地为博物苑购置藏品。1910年，南洋劝业会在江宁举办。作为大会审查长的张謇，利用这一机会，在大会闭幕后购置了大量的展品，用以丰富博物苑的馆藏。其中，包括经刺绣大师沈寿鉴定的十二幅《露香园顾绣昼锦堂记屏》。

张謇还动用广泛人脉和社会地位，动员更多的人为博物苑添砖加瓦。他曾写了《为博物苑征求本省金石拓本》等一系列启事和大量的信件分致友人求助。用今天的话来说，既在朋友圈里群发，又点对点私信，为的就是让博物苑的藏品再多一点。

在张謇的感召下，朋友圈内果然有不少人解囊相助。其中曾任两江总督的端方就先后捐赠文物70件，包括青铜錞于、汉唐陶瓷等，甚至还包括他奉命出洋考察时收集的埃及等国文物。博物苑的藏品从无到丰，1914年编印的《南通博物苑品目》，所列藏品就有2973号，而实际件数更大于此。这个数字，对于以私人之力所办的博物馆来说，已经是非常难得了。

张謇清醒地认识到，南通博物苑作为一个地方民营博物馆，"万物皆备于我"式的收集并不是发展的方向，他将博物苑的藏品收集定位为立足本地兼及中外，使该馆的江海地方特色愈加彰显。张謇选拔了通州师范的高才生孙钺为博物苑主任，此人在博物苑工作近三十年，很好地贯彻了张謇的博物馆理念。

1911年落成的博物苑北馆，由南通设计师孙支厦设计。原计划是作为金石书画馆，就在紧张布置展陈时，黄海之滨的一个发现改变了陈列结构。通海垦牧公司的民工在滩涂上发现了一头搁浅而死的巨鲸。张謇如获至宝，立刻致信垦牧公司负责人江导岷，"海大鱼全体骨骼务须设法运往通博物苑，为垦牧赠品"。为了这具巨鲸骨骼，张謇决定腾出北馆的底层来陈列，同时把天产部的各种化石标本也一并展览于此。在设计北馆时，张謇为了展出南通清代画家钱恕的10米长卷《雪山行旅图》，特地更改了展厅的开间。

张謇故居濠南别业

在张謇身后，他一手创办的南通博物苑历经了诸多艰险，其中最大的劫难，当属侵华日军的肆掠。1938年，日本侵略军侵占南通。张謇故居濠南别业被占用为"大日本军南通警备队本部"，博物苑沦为日军的马厩，遭受严重破坏，藏品大部分被劫被毁，房屋设备遭损坏，花木鸟兽荡然无存。

所幸的是，沦陷前，博物苑组织人力从南馆挑选文物50余件，从北馆选取书画、绣品43轴，悄悄移存到农村，次年又转存到上海金城银行。保存在金城银行的文物大致完好。

新中国成立后，南通博物苑重获新生。经过几代人的努力，初建时的大体格局被保留下来，并受到国家和地方政府的珍视。1988年，南通博物苑被国务院公布为全国重点文物保护单位。2008年，国家文物局公布第一批国家一级博物馆，南通博物苑榜上有名。

从博物苑中馆眺望南馆

21 世纪初，为迎接南通博物苑的百年苑庆和国家在此举办的中国文博事业百年庆典，南通启动了博物苑新馆建设。2002 年 7 月，两院院士吴良镛欣然接受南通的邀请，为南通博物苑规划设计新馆。在现场踏访张謇故居、参观张謇业绩展之后，吴良镛经过周密论证，首次向学术界提出了"南通堪称'中国近代第一城'"的观点。

吴良镛先生在设计南通博物苑新馆时还有一段佳话。当时，与张謇先生的博物馆理念一脉相承、与百年老建筑交相辉映的博物苑新馆已经设计完成，吴良镛觉得整个建筑缺少一个点睛之笔。他问南通的工作人员，有没有张謇关于南通博物苑的诗词手迹。

经过仔细搜寻，南通方面终于在张謇日记的眉批上找到其《营博物苑》诗歌的手迹。张謇的这首七律作于 1910 年末博物苑初具规模之时："濠南苑囿郁璘彬，风物骈骈与岁新。证史匪今三代古，尊华是主五洲宾。能容草木差池味，亦注虫鱼磊落人。但得诸生勤讨论，征收莫惜老夫频。"

吴良镛看到张謇诗稿手迹时如获至宝，很快设计出《营博物苑》诗壁，为新馆设计增添了厚重又灵动的一笔。

　　2020年11月12日，在江苏考察调研的习近平总书记来到南通博物苑，参观张謇生平展陈，了解张謇兴办实业救国、发展教育、从事社会公益事业情况。习近平总书记作出重要指示，要求把南通博物苑和张謇故居作为爱国主义教育基地，让广大民营企业家和青少年受到教育，增强社会责任感，坚定"四个自信"。

　　南通人民牢记习近平总书记的殷殷嘱托，大力弘扬张謇企业家精神，有序推进博物苑提升工程，高质量建设爱国主义教育基地。百年博物苑，近代第一馆，正焕发出"风物骈骈与岁新"的盎然生机。

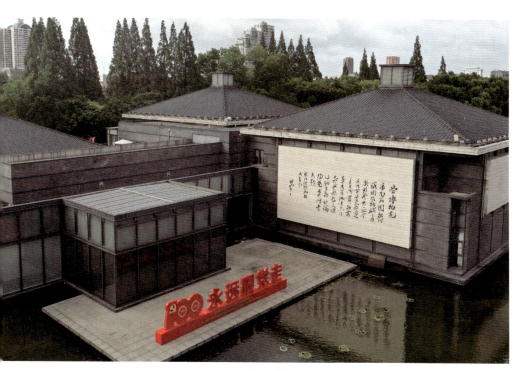

南通博物苑新馆

南通博物苑是环濠河博物馆的龙头

游环濠河博物馆群，看各家镇馆之宝

1905 年，张謇先生在风光秀丽的濠河之滨创办了中国第一座公共博物馆——南通博物苑，中国博物馆事业从这里起步，南通打造文博之乡也以此为肇始。

传承张謇先生的事业和理念，从 20 世纪 90 年代起，南通先后建成了中国珠算博物馆、中国审计博物馆、中华慈善博物馆等"国字号"博物馆，以及纺织博物馆、蓝印花布博物馆、风筝博物馆等一批地方特色博物馆。目前，全市已拥有 30 家备案博物馆，成为名至实归的文博之乡。

值得一提的是，这批博物馆中有十多座坐落在国家 5A 级旅游风景区濠河沿岸，形成环濠河博物馆群。这些博物馆让自然风光与人文景观相得益彰，成为文化旅游融合发展的有效载体。2001 年底，南通市委、市政府做出构建环濠河博物馆群的决策部署。2011 年，环濠河博物馆群荣膺"第一批国家公共文化服务体系示范项目"的荣誉。"文博之乡"成为南通一张靓丽的城市名片。

沿着濠河走一圈，可以去逛逛这些各具特色的博物馆。这些馆里都有什么宝藏？让我们去探访各家的镇馆之宝。

南通博物苑：
越窑青瓷皮囊式壶

越窑青瓷皮囊式壶

南通博物苑的镇苑之宝"越窑青瓷皮囊式壶"，属于国家一级文物，被列为江苏省24件国宝之一。作为目前越窑青瓷中皮囊式壶孤品，这件文物从出土之时就受到人们的珍视。

1973年，皮囊式壶出土于南通电影院前防空工程工地。它拥有北方游牧民族所用的皮囊形状，却在南方窑口烧造，这体现了古代南北方之间经济和文化的交流，具有科学研究的价值和意义。

这件文物的珍贵之处体现在历史、艺术、科学三方面。追溯其生产源头，皮囊式壶产自晚唐至五代时期，而唐代正是中国瓷器发展的鼎盛时期，此时形成了"南青北白"的并峙局面，其中"南青"以江南的越窑为代表。

而论其艺术价值，越窑青瓷皮囊式壶是罕见的"秘色瓷"，因其釉色之美、制作工艺之高，至今无法仿制，代表了当时中国制瓷的最高水准。正如唐代诗人陆龟蒙在《秘色越器》诗中所赞誉的："九秋风露越窑开，夺得千峰翠色来。"

除了越窑青瓷皮囊式壶外，博物苑还拥有国家一级文物——张謇先生亲笔题写的石额，正面镌以"博物苑"三字，背面则简述了百年前建苑的原因和性质，在何时、购买多少土地，以及建设的过程等。这一石额，是中国博物馆事业起步的见证。

张謇题写的石额

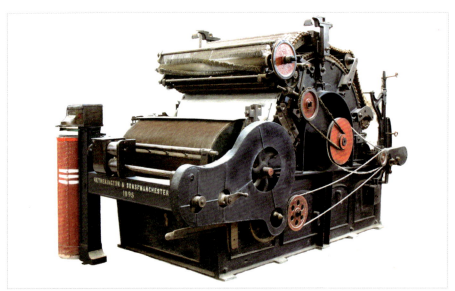

大生 1895 织机

南通纺织博物馆：大生纱厂梳棉机

　　南通纺织博物馆馆藏的大生纱厂梳棉机，由英国曼彻斯特赫直灵登公司于 1895 年制造，是张謇创办南通大生纱厂时期遗留下来的为数甚少的纺织机器之一。它与该公司同时代生产的并条机、粗纱机一并组成"大生纺织机器"，为馆藏一级文物。从参与清末洋务派人物的实业活动，到见证张謇实业救国的辉煌成就，它跨越百年风云，辗转多地，保留至今。

　　1893 年，洋务派领军人物张之洞为筹建湖北纺纱官局，通过德商地亚士洋行向英国赫直灵登公司订购一批棉纺设备。后因财力不支，造厂遇挫，机器也跟着张之洞的调任挪运到南京、上海。彼时，欲在南通设厂的张謇正面临商股筹集问题，遂通过新任两江总督刘坤一，与朝廷达成"绅领商办"的办法，张謇和盛宣怀分领这批机器办厂。一批闲置多时的机器落户南通，在张謇手中重燃起兴盛中国民族工业之梦。

　　1980 年，经市委、市政府决议，我国第一座专业性博物馆——南通纺织博物馆开始筹建，从各乡镇企业排摸征集而来的 8 台大生纺织机器，经机件制造、修理、复原安装后，被置于纺博"大生近代纺织工场"。

南通中国珠算博物馆：紫檀大算盘

南通中国珠算博物馆收藏着世界上最大的紫檀算盘。纵观历史，算盘的质地林林总总，有木、竹、铜、铁、铝、玉石、陶瓷、象牙等，但是用紫檀制成的巨型算盘只此一件。

这架紫檀大算盘工艺考究，由南通永琦紫檀艺术珍品有限公司费时三年制作而成。所有粗坯材料经过粗磨、水磨、批灰、精磨、抛光等多道工序，开发出紫檀凝脂玉质般的天然之美。独特的榫卯结构，灵活的楔销连接，再配上高雅大气的构件，使组装而成的紫檀大算盘看上去好像是用一块整木雕刻而成，浑然一体。从外观上看，紫檀大算盘拥有绸缎般的质感，金属般的光泽，滑如肌肤，温润如玉，名贵且不失典雅。

紫檀算盘

南通中华慈善博物馆："混元三教九流图"大型瓷盘

"混元三教九流图"大型瓷盘

在南通中华慈善博物馆思想展厅内，各类文物逐一陈列。而在展厅中心位置，一件"混元三教九流图"大型瓷盘赫然在目。据初步考证，这是目前国内最大的纯手工制作瓷盘，2016年8月被纳入馆内收藏。

该瓷盘根据明朝开国皇帝朱元璋的第九代孙朱载堉的"混元三教九流图"所制，由景德镇专业工匠用心打造，前后使用180多吨高岭土，历经数月才烧制成功。瓷盘中间刻有孔子、释迦牟尼和老子三位圣人的画像，分别代表着儒、释、道三家思想流派，其余部分珠联璧合、天衣无缝，寓意"三教虽殊，同归于善"。

中国审计博物馆：阮啸仙纪念章和谢觉哉羊皮大氅

阮啸仙是中国共产党历史上第一位"审计长"。1934年2月，中央苏区政府成立中央审计委员会，阮啸仙担任主任。在他的带领下，审计调查工作有序开展，财政政策顺利执行，苏区政府成为"空前的真正的廉洁政府"。

2009年阮啸仙被评选为100位"为新中国成立做出突出贡献的英雄模范人物"之一，这枚人物"双百"纪念章肯定了他作为人民审计制度奠基人的重要地位。2012年，阮啸仙家属将这枚荣誉奖章捐赠给中国审计博物馆。

"为党献身常汲汲，与民谋利更孜孜"。这是谢觉哉一生的真实写照。1937年1月，中央机关迁至延安，并成立国家审计委员会，以监督财政方针的执行和反对贪污浪费，谢觉哉担任主席。在延安时期，谢觉哉创建了中国人民民主政权下司法制度的雏形，成为中国革命司法制度的奠基人之一。

阮啸仙纪念章

这件羊皮大氅便是谢觉哉在延安时骑马专用的，他常穿着这件衣服来往于西北局、杨家岭、党校等地，用以抵御陕北的严寒风雪。在陕西领导新中国宪法的起草工作时，谢觉哉也曾穿着它两次返回陕北向毛主席汇报工作。2010年，谢觉哉家属将这件充满纪念意义的大衣捐赠给审计博物馆。

这一章一衣，见证了中国审计史的发展历程，也纪念着阮啸仙、谢觉哉为中国审计事业做出的重要贡献。

谢觉哉羊皮大氅

沈绣博物馆：沈寿亲绣《马头》

沈绣博物馆收藏的一批刺绣精品中，由沈寿亲自设计、绣制的作品《马头》，当属该馆的镇馆之宝。此真迹由沈寿的侄女沈粹缜收藏，于博物馆建立之际赠予。沈粹缜回忆道："《马头》完成于1918年，是姑妈绣了送给韬奋的，因为他属马。"

在整体效果呈现上，沈寿巧妙地利用丝线的自然光泽，根据马头的结构乘势用针，突现了白马的轮廓，施针的巧妙使马的立体感更强。"若镜摄之像，则肖神尤宜注意"。为生动彰显马的眼神，沈寿将一根丝线分为24股细丝，一丝再劈四丝，穿进极为细小的针孔内，再一针一针地绣、一针一针地铺，十分精准地把握好眼球的多种色彩，可见技术含量之高、功底之深。

此外，沈寿根据意大利画家琪特创作的《荆棘冕冠》油画绣稿而绣制的《耶稣像》也列于馆内，其独特的刺绣手法，将耶稣殉难弥留之际的面部表情刻画得淋漓尽致，震撼人心。

沈绣作品《马头》

南通蓝印花布博物馆：蓝印花布刺绣枕头

在南通蓝印花布博物馆收集保护的民间蓝印花布制品中，刺绣与蓝印花布结合的民间日用品极为少见。这个蓝印花布刺绣枕头，出自南通启东民间，制作年代为民国时期。此枕头

蓝印花布刺绣枕头

印有蓝底"蝴蝶菊花"纹样，象征着多子多福，长寿祥和，枕头两侧用刺绣进行拼接，绣有"和以为好"字样，寓意和和睦睦，夫妻恩爱。

南通风筝博物馆：清代嗡声

"嗡声"，是在南通板鹞风筝音响系统中起领唱作用的最大的一个哨口。这款由崇川区天生港镇街道陆锡泽先生捐赠的"嗡声"，经北京考古专家认定，为清朝道光年间制成的"壳龙"。其绘画和接口技术为风筝民间技艺的经典之作，现为南通风筝博物馆镇馆之宝之一。

清代嗡声"壳龙"

南通群英馆：逐梦江海名人堂

　　走进一座馆，了解一群人，感受一座城。南通群英馆坐落于国家5A级景区濠河畔，与南通博物苑隔河相望。到这里来一趟时空之旅，可以读懂一座千年古城的前世今生，认识这片历史天空的璀璨群星，了解一代代江海儿女的奋进历程。

让历史"活起来",让当代"亮出来",2021年6月29日,南通群英馆建成开馆,向党的百年华诞献礼。江海大地,群英咸集。"群"既指人民群众,也指群体群像;"英",指英杰、英才、英雄、英模。南通群英馆开馆以来,立足新时代,打造新亮点,已成为彰显南通城市精神的文化名片、激励江海儿女奋发的教育基地、探索文旅融合的旅游景点。

南通群英馆特展馆

古代馆

　　南通群英馆分古代馆、近代馆、当代馆、特展馆四大主题展厅，首批收录不同时期、不同岗位的南通籍优秀儿女 1943 人，其中重点展示 1035 人。通过文字、照片、模型、声音、影像等手段，直观展现历史原貌和人物形象，引领观众走进这座城市的各个历史现场，去寻找那些城市群英的坚实足迹。

　　现场参观的完整流线是由东往西，按照历史发展的时间线的一次穿越时空之旅。古代馆位于优秀历史建筑上海银行南通分行旧址，重点展示 36 位南通古代名人，其中有南通地区的第一位载入史册的历史名人、三国时期的东吴名将吕岱。在近代馆，高高矗立的张謇塑像，凸显了以其为代表的近代先贤着力将南通打造为"中国近代第一城"的不朽业绩。近代篇章包含对近代南通地方政治、经济和文化建设，乃至对新中国的诞生做出突出贡献的杰出人物，重点收录展示 133 人（组）。"忠魂丹心"展区展出的是革命战争年代为了理想信念、为了民族独立和解放抛头颅、洒热血的英雄儿女，他们是屹立在江海大地不朽的丰碑。参观者可以在此感受那段惊心动魄的烽火岁月。

　　穿过保护完好的百年名墅城南别业旧址，往西走进当代馆，这里

近代馆

是群英馆的精华部分。整馆含地下停车场共上下四层，分为科技翘楚、体坛名将、名家名师、文苑百花、杏林名医、时代楷模、铁骨将星、商道精英、人民公仆及名人与南通十个板块，其中重点收录展示866人（组），展示了当代出生或成长于南通的各界名人，他们为南通增添了光彩，也让世界了解了南通。

为了给游览者提供沉浸式体验，展厅内设置影像、模型、三维空间等，成为展教观景及科技融合的多元化平台。2021年12月，南通群英馆在长三角及全国部分城市最美公共文化空间大赛中，获评"优秀文博艺术空间"。2022年，南通群英馆先后入选江苏省科学家精神教育基地、全国科学家精神教育基地，成为中小学生"双减"后的公益课堂、市民青睐的"打卡地"。

馆内，张謇之兄张詧故居、江苏省文物保护单位——城南别业，建于1902年，面朝濠河，怡然而居。在保护修缮的基础上，这里墙体青红相间，木窗灰瓦相映，中西合璧，别有风韵。如今，它作为群英馆的特展馆，成为陈列布展、城市书房、服务大众的重要组成部分。开馆以来，这里先后承办了"2022通派盆景精品展""南通手信·非遗有

当代馆

礼——非遗文创设计大赛作品展""成于精勤 止于至善——韩国钧先生生平事迹展""群英咸集——南通市名人展馆巡礼"等多个专题展览，让观众深入感知江海记忆和名人文化。

2022年12月2日，南通30家名人类纪念馆、博物馆负责人相聚在南通群英馆，成立南通市名人馆联盟。这一联盟将散落在全市各处的南通名人资源聚集、整合，构建地域名人文化品牌，绘就南通名人精神谱系，进一步实现资源共享、优势互补，共同讲好南通名人故事。

天宁寺全貌

天宁寺：先有寺，后有城

　　"先有寺，后有城。"这是在南通城里流传了千百年的一句老话。这座寺，就是千年古刹天宁寺。

　　始建于唐咸通四年（863年）的天宁寺，比起后周显德五年（958年）筑城的通州城来说，早了近百年。

　　素有"一州伟观"之称的天宁寺，位于寺街北端、中学堂街西首。天宁寺毗邻北濠河，如今周边除了学校校园，就是街巷民居，环绕古寺的，是一片浓浓的人间烟火。

　　作为南通至今保存较为完整的一座佛教名寺，2006年，天宁寺成为全国重点文物保护单位。因为它的繁兴，有了一条寺街。寺街，可以说是南通城最古老的街区。

天宁寺的古建筑特色，被建筑学家陈从周誉为"国内罕见"

  城中最古老的寺庙建筑，与纵横的古街巷、成片的民居相互辉映，一座古城发轫、成长的轨迹清晰可见。

  这里，由此成为通城历史文化的根脉所在。

  现存的明宣德八年（1433年）《通州天宁禅寺重修记》碑文称："天宁寺居州之西，原系奉圣寺，政和间迁天宁禅寺并入报恩光孝，称天宁报恩光孝禅寺。"清康熙《通州志》记载了创建天宁寺的高僧，"唐咸通中，僧藻焕堂建"。由此可知，天宁寺始建于唐，兴盛于宋，已有

宋徽宗题写的"大雄之殿"

千年以上的历史。

北宋政和年间（1111~1118 年）迁到现址，与该处的报恩光孝寺合并，改名为天宁报恩光孝寺。宋徽宗御笔题写的"大雄之殿"匾额，至今犹在。

南宋咸淳时，天宁报恩光孝寺修葺一新。郡人印应雷（宋度宗朝兵部尚书）举家迁徙常熟，将他的住宅捐给了寺里；又有一位管姓的郡人建毗卢阁，该寺的规模进一步扩大。明代天顺元年（1457 年），僧善慧奏皇帝赐额，英宗敕赐，将寺名作了简化，去报恩光孝，改称天宁寺。此后，天宁寺名便沿袭至今。

到了明代，天宁寺的重振之功当首推通州守御陈谦。他捐资延请杭州高僧净缘禅师前来住持，前后四年整修了光孝塔、大殿和山门，主持兴建了圆通殿、轮藏殿等。当时，通州名士以"偶翼毗卢阁，遥堪俯大璃"这样的诗句，咏颂天宁寺一时之盛。

天宁寺历来位居通州城四大寺之首（天宁寺、东寺、西寺、千佛寺），到了近代，其面积则大大缩水了。清朝末年，在全国废寺庙办学的热潮中，天宁寺东部的毗卢阁、四贤寺、轮藏殿等建筑，被改建为通海五属公立中学，即现在的江苏省南通中学的一部分。天宁寺原七房之藏经楼、四贤祠分别迁至望江楼、西武庙。20世纪60年代，光孝塔后院也被学校征用。

1990年，天宁寺经江苏省人民政府批准进行大修，并于1991年上半年正式对外开放，现占地4000多平方米。

走进这坐北朝南的古寺，建筑虽历经沧桑，难以与盛时相比，但仍完整地保留了中轴线上的几座主要建筑：山门、金刚殿、大雄之殿、藏经楼。山门对面有照壁，寺西北有光孝塔。此外，还有伽蓝、火星、水神、祖师四殿和大意堂。

穿过山门，迎面的建筑即为金刚殿。这是一座歇山九脊顶建筑，面阔三间，进深二间。明间的分心柱为花瓣形，上置斗拱，下安素覆盆式柱石础，山花处用叉手，呈现出的宋代建筑的特征。走出金刚殿，进入宽阔的院落，有两棵400余年的古银杏树。西边银杏树的南首有一眼古井，宋代石井栏上印有深深的绳痕。

天宁寺的大殿名为"大雄之殿"，是南通现存为数不多的宋代古建筑之一。明《万历通州志》载，大雄之殿为宋徽宗御题。为什么宋徽宗用"之殿"而不用"宝殿"呢？本地的高僧育枚解释为，"宝"字惯为皇家擅用，朝廷不随意以"宝"赐下的。

大雄之殿为木结构建筑，歇山式，殿高12米，面阔三大间，进深四间，基本成正方形。斗拱形制与宋代建筑相符，尺寸与《营造法式》相同或相近。全殿有主柱20根，其明间6根内柱，采取包镶法制成12瓣瓜棱柱，柱下有复盆式石础，石础上雕刻有缠柱牡丹花纹，这是宋代建筑的显著特征。

古建筑专家、同济大学教授陈从周曾三次来南通考察，每次都到天宁寺，他对这座古寺给予很高的评价，认为是"宋代的基础""像这样用木质瓣形瓜楞柱的古建筑，全国只有两处，一处是南通的天宁寺，另一处是宁波的保国寺。"

天宁寺内的光孝塔，又称支提塔，是南通市区三座古塔中历史最长、翘角最多的宝塔。

天宁寺山门上，悬有中国佛教协会原会长赵朴初的"天宁禅寺"题匾，迎送海内外来往的游客们。出生于寺街范氏诗文世家的南通籍书画家范曾，为天宁寺题写了"山河天眼里，世界法身中"的楹联。天宁寺内，还有明代江南才子祝枝山题的"德纱空明"匾额。此外，天宁古寺尚存有明、清两代的古碑七块，收集到天宁寺僧溪三大师的墨竹多幅。相传寺内释迦佛、海

吴冠中笔下的南通天宁寺

岛观音、文殊、普贤、阿难、伽叶等造像，均为唐代著名艺术家刘鸾所塑。

天宁寺的钟声，在南通民间极富传奇色彩。传说天宁寺巨钟铸成后，冶铸师临别告诫僧人不要立即敲打。但僧人对此言并未上心，没多时就叩响了大钟。时值冶铸师刚行至南通城西北的十八里河口，听到钟声长叹一声："钟声只能传至十八里了！"

Tips

天宁钟声

与其他寺庙里的钟声不同，天宁寺的钟声节奏与次数确有其独特之处。僧人先是急促地快敲十八下，接下来慢悠悠地敲十八下，最后用中速敲十八下。民间由此留下了天宁寺钟声"紧十八，慢十八，不紧不慢又十八"的说法。这独特的古寺钟声，曾是流传已久的"崇川八景"之一。

漫步寺街西南营：触摸南通古城的根脉

　　南通古城是什么样子的？要找到答案，不需要去翻历史书，只需用脚去丈量即可。因为古代南通城的西半片，至今依然可以踏访。

　　过去的南通城垣，长时间保持在"六桥"之内1.1平方公里的范围。以南大街为中轴线，东边是东半城，西边是西半城。寺街是西北片、西南营为西南片，它们合在一起所构成的西半城，经历过时光的涤荡和历史的沧桑，完整地保存下来。

　　今天，我们走进寺街、西南营历史文化街区，有哪些值得一游的打卡地呢？外地的朋友，可以来这里感知老南通的悠悠古韵；而作为一个南通人，到这里可以触摸城市的文化根脉。

　　到寺街、西南营，可以探寻千年文脉。

　　位于寺街东南处、十字街口的一座钟楼，代表的是南通城的另一个时代，诉说着百多年前"近代第一城"的辉煌。这座钟楼诞生于1914年，作为同时期南通建造的四座钟楼之一，位于市中心的这一座，不但是

高度最高，更是改变古城千百年来日出而作、日没而息生活方式的标志。钟楼背后，有一座风格完全中式的建筑与之同框，这就是始建于元代的谯楼。钟楼与谯楼，作为见证城市发展的"双子楼"，如今已是南通市的历史地标建筑。

南通的城墙已经踪迹难寻，但在北极阁城墙遗址，可以找到南通古城墙残留的唯一遗迹。北极阁城墙遗址位于南通中学后门东侧，面对碧波浩荡的北濠河。这里隐藏着南通城最久远的历史，在夯层中发现过唐及五代十国时的陶、瓷残片。遗址处最初为南通城的北城门，宋代将北门闭塞后，建了北极阁，如今辟为小型遗址公园。

位于街区西南侧的柳家巷，这里曾有古静海县的城隍庙，相传明末说书大师柳敬亭曾在巷口设摊献艺。由张謇等人创办的通州公立女子师范学校在此巷内，这是中国第一所设本科的女子师范学校。后来，通州女师搬走，通崇海泰商务总会迁入。辛亥革命时，南通光复时建

育婴堂巷巷口

立的军政分府也在柳家巷 15 号宅院里。

到寺街、西南营，可以寻访名人故居。

遥想当年，在寺街、西南营历史文化街区里，曾集聚了一代代硕彦名儒，衍生出一个个诗文世家。深厚的家族文化底蕴，以名人故居的形式存留下来，成为城市里生生不灭的文化景观。

在寺街深处，天宁寺旁，有南通城第一位状元胡长龄的故居。这位清乾嘉年间官居礼部尚书的胡状元，为官清廉，所建状元府绝不侵占邻里地界，因此局促在胡家园里，令人敬佩不已。当年紧邻着胡家的绿荫园，有一座梅花楼，其主人是南通清代著名画家、名列"扬州八怪"之一的李方膺。当年的绿荫园和梅花楼，都是南通文人雅士所向往的雅集之所，如今胜景不在，但踪迹可寻。在寺街西侧塞巷尽头，有一个传承十三代的范氏诗文世家。从明代范应龙开始，传至第十三代——当代书画家范曾，三百多年文脉绵延不绝，其间出现了几次高峰，包括明末清初的范凤翼、范国禄父子，晚清驰誉国内诗坛的一代诗人范伯子。在寺街石桥头巷，有明朝进士袁九皋故宅。曾经有过"一门两进士"荣耀的袁氏家族勤奋好学的家风代代相传，自然科学史奠基人之一、原华东师范大学校长袁运开，原清华美院教授袁运甫和中央美术学院教授袁运生，这几位袁氏兄弟都享誉各界的当代名人。

在西南营街区，历史上曾有市河穿流向过。名人大户喜择居于此，清光绪《通州直隶州志》记载的名人宅地就有八处。西南营的东南侧，有朝鲜爱国诗人、历史学家金沧江的故居借树亭。宅名的由来，是因西邻为明代名士包壮行故居，其内一棵大女贞树荫盖己屋，有如借景。金沧江流亡中国后，得到异国老友张謇照拂，在翰墨林印书馆任编校，旅居崇川二十二载。2021年初，金沧江纪念馆在西南营开馆。距此不远，有电影表演艺术家赵丹的故居。赵丹的青少年时代就是在这座老宅度过，直到中学毕业后赴上海美专求学，进而成为蜚声中外的电影巨星。值得一提的是，南通当时还有一位与赵丹齐名的戏剧表演艺术家江村，其故居在寺街上，可惜 1944 年英年早逝于重庆。

到寺街、西南营，可以了解江海民居。

礼巷 12 号人家

因为地处"崇川福地",历来鲜有战事,因而城内成片的民居建筑群得以保留,且历代很多按传统方法营造也得以延续,为研究南通古城民居提供了丰富的实证、鲜活的样本。

南关帝庙巷明清住宅建筑构件

寺街、西南营的成片明清民居,就像是建筑物馆,向人们展现着不同时代的建筑特色。

因寺而生的寺街,已存在了近十二个世纪,是南通最古老的街巷,寺街历史文化街区都由这条老街延伸拓展,共有二十八条街巷。西南营,则是古代居民社区的活化石。从西南营片区,可以看到古代通州城里"里市坊"的缩影。惠民坊就是其中的一座,其坊门曾保留到20世纪50年代。

位于西南营的南关帝庙巷明清住宅,是江苏省文物保护单位。有东、西并列的两轴线硬山顶建筑,各五进,都完好地保存了明朝后期的梁架结构,面阔三间,进深七檩,前后出檐较大,明间为抬梁式梁架,从木刻纹饰刀法可见时代风格。这里在晚清时曾是海门同知王宾的住宅,因此被民间称为"海门府"。目前,经过新一轮的修缮,这一明清住宅、名人故居,已得到更有效的保护。

掌印巷清代住宅,是一组清代住宅建筑群,计一进五堂,东侧为花园。敞厅面阔五间,为抬梁式和穿斗式相结合的硬山建筑,前后附以卷棚式长廊。二门影壁为方块形磨砖平砌而成,上方刻制透雕和浮雕画44幅,是南通清代砖雕工艺的珍品。

寺街街区以大巷九号为正门的大小巷明清民居群,建于明清至民国时期,规模宏大,占地约4600平方米,共十进。院与院相连,并设

藏在古巷内的时尚小店

有院门、暗室、火巷等。外貌简朴，内部装饰精美，是南通江海文化的代表。

在寺街和西南营，纵横有着数十条有名有姓有故事的街巷，它们长长短短、曲曲折折，无论从哪一个方向走进去，都如同走进一座时空交错的迷宫。令人倍感欣慰的是，这两个存续了千年的古老地标，如今依然是活着的街区。老南通的半城烟火，在这里不绝如缕。踏访者可以感受到居民原生态的生活模式，也可以在街巷中偶遇一些由民居改建的时尚小店，在闲暇的时光里融进老城的浮世画面中。

大成殿

西庑　　　东庑

乡贤祠　　戟门　　名宦祠

泮池

南通文庙考古发掘现场

南通文庙：考古印证千年文脉

　　这里是隐逸于闹市的千年历史人文景观，这里有留下近万名文人遗迹的"星光大道"。

　　南通文庙坐落于城区人民中路，在配合南通地铁工程建设进行的考古工作中，这里发现了明代泮池等遗迹，出土了一批遗物，证明了方志文献中关于南通文庙记载的真实性和准确性。

　　据专家考证，南通文庙初建于北宋乾兴元年，即1022年，距今整整一千年，是南通作为国家历史文化名城的见证之一。

　　长期以来，文庙是南通地方进行儒学教育的殿堂和祭祀孔子的场所，是南通历史文化的根脉所系。州学里的义路，曾留下万名秀才包括状元胡长龄、张謇的足迹，堪称南通文化名人的"星光大道"。

南通文庙原为一庞大的建筑群，现存建筑以大成殿为主体，前有戟门和名宦、乡贤两祠，连接东西两庑，构成一个四合大院，院内三株古银杏树生机盎然。殿前保留了明代的月台，青石雕栏，造型古朴。

大成殿是一座重檐九脊庑殿式建筑，其最后一次重建为元至正四年（1344 年）。大成殿气势宏伟，梁架满布彩绘，十分精美华丽，其彩绘风格在江淮地区极具代表性。

南通文庙是江苏保存较为完整的文庙建筑群。千年以来，历经多次修缮、重建。1921 年，张謇先生曾对南通文庙建筑进行了维修。新中国成立后，南通文庙建筑一直由南通市文化馆使用和管理，成为一处重要的文化场所。2011 年 12 月，南通文庙被公布为江苏省文物保护单位。

南通文庙遗址考古项目于 2021 年 6 月启动。在南通文庙建设控制地带开展考古调查和勘探时，发现了地下文化堆积层，根据出土瓷片初步判断，该文化堆积层属于宋元时代。

文庙遗址考古项目阶段性考古发掘工作取得重要成果。发现宋代灰坑两个，明代砖铺路面两处、砖构排水沟一条、砖构泮池及桥墩一处，清代至民国砖铺路面 ·处；出土了陶瓷器、铁器、铜钱、建筑构件等数量较多的遗物。

其中，明代泮池遗迹的发现引人注目。泮壁上镶嵌有一处竖向长

明代泮池"贯斗"题刻

文庙内保存的石栏板

方形石质题刻，正中为双勾大字"贯斗"，为"上通于斗宿"之意；右下方阴刻小字"池名"及篆文图章，左下方阴刻小字"凌烟阁"。据老照片所见形制及现存栏板长度，推断该池为东西向长方形，东西长约17米，南北宽约8.5米。

泮池的性质与年代可从历史文献中找到相关记载。据《万历通州志》第三卷"经制志·学校"记载："弘治庚戌春，郡侯傅公锦既修庙学之余，环视泮池，叹曰："兹不改创，亦无以称宏规。"乃徙偏为中，辟隘为宏。凿浅为深，易以美石，加以砻斫，甃而为池……逾三月而工告成。"

南通文庙大成殿

据此记载，弘治庚戌，即弘治三年（1490 年），是这座泮池的建造时间。从发掘出的部分池壁砖体结构来看，其主体应属明代，与文献记载相互印证。

泮池，又称泮宫，是位于文庙大门前方的半月形水池。泮池上建有石桥，是官学的标志之一。科举考试时，学生过桥去拜孔子，称为"入泮"。迎送六十年前中秀才的老人重回州学，学宫里会举行"重游泮水"的庆典，相当于颁发"终身成就奖"。

结合《南通市志》记载及当地老人回忆，1958 年为修建今人民路，将泮桥拆除，泮池填平。

在此次考古出土的文物中，瓷器按釉色分为青、白、影青、黄、青黄、黑等多种，器形有碗、盏、碟、盘、罐等；釉陶器多为罐、瓶；灰陶器有灯盏；建筑材料有板瓦、筒瓦、滴水等。目前，相关单位正在对这些文物进行修复。

值得一提的是，1973 年，在位于文庙西侧约 100 米处的南通电影院前人防工程中，我市出土了一件晚唐至五代时期越窑青瓷皮囊壶，现藏于南通博物苑，为该苑镇馆之宝。

此次阶段性考古发掘所获资料，为南通文庙今后的古建修缮、保护规划与展示利用提供了重要考古资料。为更好地保护好文庙遗址区域，目前已对明清砖构遗迹进行了原址回填保护。据悉，南通文庙文物建筑的修缮工程和三防建设工程已启动，目前设计方案已报省局批复，2023 年内进入施工阶段。

漫步南通文庙，在其东南侧紧靠地铁友谊桥站入口，文庙碑廊成为一道文化风景线。南通文庙保存了与其相关的石碑二十余块，这批石碑为研究我国科举制度提供了实物例证。其中最早的一块卧碑是明洪武十五年（1382 年）所立。出入地铁站的市民、游客在此稍作停留时，可现场感受到城市的沛然文气。

钟楼与谯楼，已成南通文化地标

钟楼·谯楼：接续讲述光阴的故事

　　漫步十字街头，便可见南通钟楼与谯楼这对建筑"双璧"的曼妙身影。这里曾经是古城地理意义上的中心，也是政治、经济、文化的中心。

　　多少年来，晨钟暮鼓从这里敲响，讲述了白云苍狗的光阴故事。而张謇先生这代人建起的这座钟楼，接过了谯楼的报时接力棒，为通城百姓带来明晰的现代时间概念，成为一座闭塞的小城蜕变为新兴城市的显著标志。

　　先来说说这座谯楼。它的前身，可追溯到南宋淳熙年间建造的用以瞭望的戍楼，后毁于火。元至正九年（1349 年），郡守马公毅因"更鼓刻漏无节，民未便之"。调动民工，在州衙大门前建成了一座华美庄严的四楹谯楼。谯楼内，设占空间位置甚大的计时器，供主管漏刻和报时的人居住，并采用更鼓来报时。可惜未及二十年，该楼又遭遇火灾。

明洪武三年（1370 年），通州知州熊春又在其原址重建谯楼。而后又经知州孙徽、屈希尹、林云程重修。清代知州董权文、周焘、梁悦馨等，也先后修缮过这座谯楼。这么多明清的主官留下了重修谯楼的记录，可见在他们心目中，修好此楼是形象工程、民心工程。

由于谯楼建在州署前的"子城"城门上，是当时通州城里最高的建筑。因此，早在明代就有人把"谯楼月晓"列为"通州八景"之一。

清道光八年（1828 年），通州知州周焘将谯楼维修一新，撤去原来悬挂的"海山要郡"匾额，换上新命名的"星枢楼"楼匾。周焘自己写了一篇《星枢楼记》，由南通的书法家李芳梅书写刻碑。楼名星枢，是希望因此使通州城文化发达、人才兴盛，此碑现存于原处。目前的谯楼，前后门分别置王世襄手书"谯楼"匾额，费孝通手书"星枢楼"匾额。

始建于元代的谯楼

虽经多次重修，现存的谯楼还应是始建于明洪武三年，迄今已有650多年的历史。其楼为五开间抬梁式、歇山九脊顶建筑，下层为土台砖墙，中间为拱形城门，直通州衙门大堂，上层仿城楼，登楼可瞭望州城景色。

自元至清，南通谯楼一直以报时为主。那时一夜分五更，一更又分五点，每逢漏刻上显出的时间到更到点时，守候在漏刻旁的报时人便击打更鼓，用鼓声传出更点数。走街串巷的更夫们听到谯楼上报出更点，便敲自己手中的锣报更，敲梆子报点。

由谯楼门进里有一跑道，中央一四角亭口戒亭，内竖一米多高黑色石碑，正面四个大字"泰山奇峰"，意为知州衙门正对五山，此泰山之石能镇住

钟楼局部

五山，与民间"泰山石敢当"之意相同。

南通钟楼建于1914年。由张謇先生倡导，南通县总商会出资，在谯楼前建造了高26米，径6米的一座钟楼，是民国初年南通所建的最高建筑物，其势"俯掖谯楼，横睎三塔"。

钟楼高七层，张謇与其兄张詧用南通潘氏捐给通崇海总商会的5000元钱在上海购来英国造巨型机械时钟，置于第四层，张謇明确表示这是为了办事必"先明晷刻"。

钟楼为南通建筑师孙支厦设计，在风格上明显受着西方艺术的影响，有意模仿英国伦敦著名的大钟楼的外形，东西南北四个方向都有近乎一层楼高的钟面向外，人们随时可以从大时钟上看到准确的时间，并能听到报时的钟声。

"畴昔是州今是县，江淮之委海之端"。张謇为南通钟楼撰书的这副对联，被刻于石，镶嵌在三楼朝外的砖壁，成为传诵多时的名作。

上联写南通的历史沿革，抓住了由历代之"州"到民国之"县"的变革，用"畴昔"与"今"表示了历史的演进。下联写南通的地理位置，南通地处江淮平原的东部边缘，滨江临海，所以用

畴昔是州今是县，江淮之委海之端

季直 张謇

张謇为钟楼撰写的对联

"委"（同尾）与"端"做地理位置的介绍，并与上联对仗工整。另据学者指出，对联中的"委"本来就指水的下游，也有积聚的意思，《礼记》里就有"或源也，或委也"之说。张謇所指的是南通地处于长江和淮河下游的交汇之处，与头尾的"尾"字的意思并不相同。

钟楼建成两年后，在第四层楼瞭望台东南角又增悬了铜质消防警钟，通过警钟的敲击声数来指示火灾方位。另外，还配备了代表方向的色旗、色灯，遇有火情，同时张挂。

随着历史的演进，报时更鼓、消防警钟早已消失，而钟楼上的时

钟却依然运行。

1949年2月2日，南通钟楼见证了千年古城迎来新生的一幕。中国人民解放军华中九分区部队当天进军南通城，两支从不同方向入城的人民子弟兵会师于钟楼。随着一面鲜艳的红旗升上钟楼顶端，南通全境宣告解放。

钟楼是南通重要的地理标志，也凝结了深深的历史记忆。令南通人欣慰的是，钟楼的形象被设计上了市徽。

2000年，钟楼经过大规模的修葺，恢复了往昔的外观和神韵。大钟整修后，发出响亮的钟声，迎接新世纪的到来。2002年，南通钟楼·谯楼被公布为省级文物保护单位。

钟楼广场区域，处于南大街与人民路的交汇点，是南通老城区商业繁荣地带。2013年竣工的钟楼广场改造工程，打造出一个新型的下沉式广场，有力破解了老商业街区路难行、车难停的顽疾，并可与其后建设的地铁1号线完美对接。这一地下空间拥有29个出入口，分布在钟楼广场周边的每个交通节点，根据交通指示牌，市民可以轻松穿越钟楼广场和人民中路。

钟楼广场地下空间还兼具了文化广场功能，向市民和游客展现了更多的历史文化元素。其中，全景式的大型浮雕引人注目。北立面的《南通"中国近代第一城"全盛图》重现了近代南通一城三镇的历史风貌，而南立面的《江山揽胜图》则描绘了五山拱北、城门与水关楼组成意象的老通州城。这些石刻浮雕与地面的壁画、喷泉、植被相互映衬，浑然一体。

钟楼广场东北侧的两处地下通道口建筑大墙上，嵌装了六幅石质阴刻的地图。它们分别是明万历《通州志》的"通州治图"，清乾隆《直隶通州志》的"州治旧图"和"州治新图"、清光绪《通州直隶州志》的"城隍图"，1928年的《南通县市图》，1996年《南通城区图》。

这六幅不同年代的地图，讲述了南通城的历史变迁，让流连于此的后人，看到了一座城市从古至今走过的足印。

伶工学社：百年戏校传新韵

　　琴声悠扬，嘉宾雅集。2019年深秋，中国第一所新型戏剧学校——南通伶工学社迎来了建社百年的纪念活动。

　　张謇先生的孙女、百岁老人张柔武，与梅兰芳先生的曾孙梅玮、欧阳予倩先生的外孙欧阳维，相聚于位于市区严家巷的伶工学社大戏台下。组织者精心地将三人的座位安排在一起，他们代表的是百年前在此创立了不朽业绩的三个伟大的名字：张謇、梅兰芳和欧阳予倩。

伶工学社的百姓戏台周周演

在伶工学社上演的越剧《董小宛与冒辟疆》

　　戏剧改良是张謇在家乡创办社会事业的又一个着力点。他认为："国之社会不良极矣。社会苟不良，实业不昌，教育寡效，无可言者。而改良社会，措手之处，以戏剧为近。"

　　振兴戏剧事业，自应首先建立培养戏剧人才的戏剧学校。于是，伶工学社这个新型戏剧学校的蓝图已在张謇心目中绘就。

　　这所新型戏校由谁来执掌？张謇曾考虑过多个人选，包括他的忘年交、彼时冠盖满京华的梅兰芳。后来，张謇将目标锁定为当时驰名上海滩的青年戏剧家欧阳予倩。

欧阳予倩在 1918 年发表的《予之戏剧改良观》一文中，感慨"今日之剧界腐败极矣"之外，还主张开办戏校，招募青少年，培养一批有文化有戏剧常识的演员，研究舞台艺术，对京剧进行改革。这与张謇改良戏剧的主张不谋而合。张謇在给梅兰芳的信中就这样写道："予倩文理事理皆已有得，意度识解亦不凡俗，可任此事。"

当时活跃在上海京剧舞台的欧阳予倩，自身就是超越了传统戏班传承关系的存在。他是民国初年罕见的没有履行任何入门手续、没有拜师，却可以正式搭班，并在京剧行内与其他京剧演员一起长期从事商业演出的个案。他不仅没有正式拜师，甚至在此前没有作为票友的经历，行业门槛对他而言仿若无物。

1919 年 5 月，欧阳予倩应邀赴通。商谈后，欧阳予倩接受了张謇聘请，到南通创办伶工学社。当年 11 月，伶工学社正式开学。张謇之子张孝若任社长，欧阳予倩任伶工学社主任，全面负责教学工作。

伶工学社打破了以往拜师学艺、口口相传的旧式科班模式。在课程设置上，门类齐全；在教学方法上，则摈弃体罚，反对运用"火逼

用"滑屏移动"展示的戏曲片段

93

花开"的方法出戏。伶工学社提倡白话文，男女平等，购买《新青年》等新杂志供学生阅读，力图培养出有新文化修养的演员。

两年内，伶工学社的学生就能单独演出，数年间培养造就了一批有较高文化知识和素养的演员。

欧阳予倩先生在南通主持校务三年，亲自编写教材、示范演出，倾注了他对戏曲事业的满腔热忱和心血。

梅兰芳从 1920 年起三次来南通演出，除了与欧阳予倩"南欧北梅"同台献技佳话，每次均有伶工学社学员配演。

梅兰芳还在张謇的陪同下，参观了伶工学社的新校舍。在《舞台生活四十年》一书中，梅先生回忆了参观的详情："第二天我们先去参观伶工学校。在那时的南方，这个科班的设置，是开风气之先，唯一的一个训练戏剧人才的学校。它在制度、教材方面，都采用了新的方法。如旧科班里的体罚习惯，他们已经废除不用了。课程方面，不单是注重戏剧，就是一般学校的国文、算术也都照样的悉心教授。所以毕业的学生，在文学上的水准，并不算低。"

梅兰芳也曾为伶工学社延请教师，并承张謇推荐收伶工学社高才生李斐叔为徒。曾向张謇学过诗文的李斐叔，后来因为种种原因离开了舞台，改任梅兰芳的秘书，随梅先生出访海外，是《梅兰芳游美日记》的作者。

1926 年秋，张謇去世后，伶工学社因经费困难停办。尽管这所学校存续的时间并不长，但它是张謇与梅兰芳、欧阳予倩等戏剧大师携手打造的文化地标，是中国戏剧发展的重要见证。在较长一段时间内，伶工学社只是作为一段过往的历史写在南通方志之中。恢复伶工学社，成了无数南通人的期盼，更成为市委、市政府和各界有识之士的文化自觉。

2010 年，南通全面启动伶工学社保护利用工程，对遗存的原校舍进行修缮。

2013 年 6 月，修复一新的伶工学社正式对公众免费开放。复建后的伶工学社占地 3350 多平方米，建筑面积 1650 平方米，包括 6 幢原

梅派传人韦红玉在伶工学社辅导外国友人

伶工学社校舍，以及小剧场、连廊、露天戏台、山门等建筑。

伶工学社内还设有 5 个展厅，常年展出"会通古今中外 斟酌百家之长——伶工学社暨近代南通戏剧文化陈列"和"粉墨春秋——戏剧文化专题展"两个专题。整个展陈综合运用实物、史料、图片，以及多媒体技术等手段，不仅有真人视听、更俗剧院的 3D 幻影成像，还能通过"滑屏移动"欣赏到梅兰芳的《游园惊梦》《断桥》等精彩片段。故宫博物院原院长单霁翔参观后，称赞为"活在当下的戏剧博物馆"。

百年老戏校，如今已成百姓大舞台。自开放以来，伶工学社打造了"百姓戏台周周演""伶工讲坛""戏曲票友大赛""戏曲培训""戏曲进校园""京剧沙龙"等颇具特色的文化服务项目。其中，品牌活动"百姓戏台周周演"推出至今已有九年，共举办 300 多场的免费演出，来自上海、浙江、安徽及本省的南京、苏州、无锡、常州、南通等地 200多个群众戏曲团队前来开展文化交流，受益观众达 10 多万人次。伶工学社成功了入选 2022 年度江苏省"最美公共文化空间"打造对象名单。

更俗剧场：毕竟南通不虚到

　　一百多年来，这座城里几乎每一人都在更俗看过戏，在那里留下许多珍贵的记忆，都能讲述一段美好故事。

　　1919 年 11 月 1 日，重阳节。一个外观呈马蹄形的雄伟建筑已在南通西南近郊崛起，它的开业成为全城之盛事，这便是张謇先生精心打造的更俗剧场。负责设计的南通著名建筑家孙支厦赴日本等国家考察以后，又以上海新舞台为基础精心设计，建造出这个当年在远东堪称一流的剧场。

　　张謇先生一生，在地方自治事业方面用力最勤。他在亲手创办了博物苑、图书馆、出版社、公共体育场等社会事业后，开始酝酿筹办伶工学社和更俗剧场。

建于 1919 年的更俗剧场

张謇与梅兰芳在南通

1919 年，张謇为南通文化史留下了闪光的时刻：这年 9 月，中国第一所新式戏曲学校伶工学社在南通正式开学，而紧接着开业的更俗剧场，在张謇的设计中则是作为戏剧改良的实验基地，为伶工学社的师生提供一个展示的舞台。

盛大的舞台已经建好，其时蜚声沪上的戏剧艺术家欧阳予倩，也被张謇请到了伶工学社主持教务。张謇先生还在等着一个人的到来——名满梨园的一代巨星梅兰芳。

謇公的思绪回到 1914 年秋天的北京。时任农商总长的他，与熊希龄、梁启超诸公相约，到天乐园观看一位名伶唱戏。彼时 20 岁的梅兰芳尚未到大红大紫的地步，但他的一出《贵妃醉酒》却征服了全场，更让首次相见的状元公张謇惊为天人！

年逾花甲的张謇为梅郎的高超演技所折服，从此说起这位江苏小同乡梅畹华，大有五体投地之感。此后，张謇托朋友请梅兰芳唱了另一出拿手戏《思凡》。演出的第二天，张謇宴请梅兰芳，一见呼为小友，并将亲书小楷的折扇赠送给梅兰芳。张謇的提携，为初出茅庐的梅兰芳增添了不少人气。

不久，张謇因为对袁世凯的倒行逆施深恶痛绝，毅然辞官南归。但是，对于惺惺相惜的张謇与梅兰芳来说，千里之遥并没有阻隔他们的忘年之谊。

梅兰芳在更俗剧院演出

接下来的几年，他们书信如晤，往来不断。1916年10月，梅兰芳赴上海演出，张謇听到这一消息，即赶到上海观剧并宴请梅兰芳。在那个年代，演艺明星的社会地位并不高。张謇自从结识梅兰芳起，就希望能培养他兼修书画，成为一位令人敬重的艺术家。张謇为此一直关心着梅兰芳书画方面的进步。他还手书了23首诗寄给梅兰芳，使其领悟书法与作诗之道。

张謇谋划创办伶工学社时，他心目中最初心仪的戏校首任掌门人即是梅兰芳。从1917~1919年，两人多次书信探讨办校之事，梅兰芳非常感谢张謇的信任，但怕自己无法承担这一重任，还是婉言相谢了。对于到南通新剧场演出，并与伶工学社师生交流，梅兰芳则欣然答应。

更俗剧场落成，梅兰芳如约而至。1920年1月13日~23日，梅兰芳等在更俗剧场连续演出十一天，场场爆满。

北派魁首梅兰芳与南派名角欧阳予倩，在南通更俗剧场实现了同台献艺。同一出京剧《贵妃醉酒》，梅是美中见醉，欧是醉中见美，令观众享受到一场视听盛宴。现场的粉丝，除了通城的戏迷，还有不少是从梅郎家乡泰州、古城扬州赶过来的。

张謇每场必到，诗情勃发，写下了十多组《传奇乐府》诗作，赞

梅欧阁纪念馆

赏梅兰芳等人的杰出演艺。与梅兰芳同台献艺的小生姜妙香、旦角姚玉芙，以及梅的学生、当时仅十几岁的程砚秋，张謇都一一题诗相赠。张謇还邀请诸多名流一起品戏、吟诗，后来编印成一册《梅欧阁诗录》以纪盛事。

这座梅欧阁，是张謇在更俗剧场门厅二楼上新辟的雅室，借以纪念梅兰芳和欧阳予倩相聚南通。张謇亲笔题写了匾额"梅欧阁"，旁边还张挂了一幅他自撰自书的对联："南派北派会通处，宛陵庐陵今古人。"联语借用梅尧臣（宛陵）、欧阳修（庐陵）两位古人的籍贯，暗切梅兰芳和欧阳予倩两位艺术家的姓，盛赞了"南欧北梅"的艺术成就及同道之谊，期盼剧界南北两位奇才能有更大的作为。

中国京剧史上第一次南派与北派的交流演出，在南通的舞台上精彩绽放，张謇作为幕后推手功莫大焉。

梅兰芳深刻理解张謇的良苦用心。后来，他在《舞台生活四十年》中回忆说：张謇设立梅欧阁，"这是他有意用这方法来鼓励后辈，要我们为艺术而奋斗"。

为筹划梅兰芳的这趟南通之旅，啬翁可谓煞费苦心。他派大和轮专程接送梅兰芳团队，并在南通城外专门赶建了一座候亭。连台好戏谢幕之后，张謇与梅兰芳在此依依惜别。

临别之际，梅兰芳以一首《临别赋呈啬公》相谢："人生难得是知己，烂贱黄金何足奇。毕竟南通不虚到，归装满压啬公诗。"

梅兰芳并不以诗闻名，但他的这首诗后来被多次引用，成为外地人点赞南通的经典之句。

梅兰芳第二次来通相隔不长，是同一年的五月，这次演了三天。时隔两年的1922年6月19日，梅兰芳第三次来到南通，此行的目的是为张謇贺七十寿辰。梅兰芳准备的剧目是《天女散花》《麻姑献寿》和《游园惊梦》，这一次同来演出的还有著名武生杨小楼。

当年更俗剧场大门沿马路朝南，如城门般的半月式拱门，门内两壁可挂演员名牌；大门东首有朝南两层楼饭馆，便于观众和演员日夜应用；西首是车行。舞台上可以走汽车、跑马，池内可容小船，这样的硬件规模在当时的上海、北平都甚为罕见。

除了让人称道的硬件外，更让人惊叹的是更俗的制度和管理。当年，欧阳予倩亲手制定了十多条后台演出规约，如不许带酒上台，不许高声喧哗等。这些条律，在旧的"十大班规"中是没有的。还规定不许带人看戏，张謇先生带头执行，每逢看戏皆凭票入场。

更俗剧场甫一亮相即呈现爆棚之势，本来冷落的西南城区自从建了剧场，附近新建了南通俱乐部、桃之华馆及诸多商业旺铺，桃坞路成了当时南通最繁华的一条街。

1926年8月，张謇因病去世。噩耗传至北京，梅兰芳当即致电张公子孝若致哀。梅兰芳失去一位弥足敬重的良师益友，也失去了一位人生难得的知己、知音。

1959年秋，南通市隆重纪念更俗剧场内"梅欧阁"落成四十周年，远在北京的梅兰芳闻讯，满怀激情写下了一首长诗以示祝贺，追忆当年他与张謇的交往。两年后，人民艺术家梅兰芳与世长辞。

更俗曾改名人民剧场，通城百姓则称之老戏园。21世纪初，南通

更俗剧院夜景

市委、市政府投资近 6000 万元重建剧场，由东南大学工程设计院设计，2002 年 9 月 20 日正式开业，名为更俗剧院。让高雅艺术走近普通百姓，成为新更俗孜孜以求的目标。更俗剧院成为南通市区一道独特的文化风景线。

如今，走进更俗剧院，除了欣赏百年舞台的精彩剧目，还可以走进梅欧阁，重温一下当年那一场余音绕梁的梨园盛宴。

大生码头夕照

行走唐闸，看工业老镇的华丽转身

通扬运河的千帆过尽、桨声灯影；大生码头的岁月沧桑、看尽繁华；北市景区的市井风情、烟火气息；汤家老巷的枕河民居、幽深巷陌……

在历史工业老镇唐闸，与你的每一次遇见，总是让人在历史悄然散去的淡淡烟云中，感触感知那深沉有力的时代脉动。

唐闸历史文化街区城镇面积 2.1 平方公里，核心保护区 0.83 平方公里，现存全国重点文物保护单位 5 处，优秀历史建筑 11 处，历史工业遗存 20 万平方米，是南通"一城三镇"建设规划的重要组成部分，中国近代民族工业的发祥地之一。

唐闸北市街夜景

　　1895年，新科状元张謇毅然放弃仕途回到家乡南通，以"舍身饲虎"的大无畏精神，选择在水陆近便的唐家闸创办了大生集团的第一家企业大生纱厂，拉开了南通近代工业发展的序幕。张謇以其"父教育，母实业"的理念，在唐闸建工厂、办学校、造公路、修公园，昔日荒凉偏僻的唐闸一跃成为世界地图上标注的工业重镇。

　　工业的兴起和商贸的繁荣，使唐闸镇迅速崛起、人口集聚，一时赢得了"小上海""小汉阳"的美名。民国初年，唐闸就形成了"五桥""五街""百店"的兴盛局面。

　　中华人民共和国成立后，唐闸始终是南通重要的工业基地。老一辈还记得，20世纪80年代，唐闸的工业总产值占了南通的半壁江山。

　　两院院士、清华大学教授吴良镛先生认为，唐闸是自洋务运动以来，我国近代工业历史遗存中整体规模保存最完整、最集中，工业门类保留最丰富、最充实，原址原状保护最真实、最完善的中国

唐闸非遗市集

早期民族工业的杰出代表。因此，欣然命名唐闸为"中国近代工业遗存第一镇"。

　　一条运河，两岸皆景。今天的唐闸，张謇时代遗留下的众多近代工业文明历史遗存依旧被完好保存下来，包括钟楼、大生纱厂公事厅、大达内河轮船公司旧址等。大生集团的那些百年流水线依然在充满活力地运转着，这是国内工业旅游的一道奇观。大生码头入选江苏大运河最美地标。通扬运河两岸具有西洋风格的近代商业建筑群、规模宏大的近代储仓、高门大院的传统民宅、中西合璧的红楼，以及医院、戏院、公园、码头、菜场、船闸等社会生活历史景观，都能让游人感受到当年的那一种繁华。

　　2006 年以来，南通全力推动唐闸古镇修缮保护和产业转型工作，唐闸先后获得省非遗进景区、省夜间文旅消费集聚区、大运河文旅融合标杆单位、省首批旅游特色风情小镇培育单位等荣誉。汤家巷文化街区保护工程获评省"历史文化名城名镇名村保护"示范项目，新民巷获教育部"优秀勘察设计评选"项目奖，唐闸北市景区被评为"水韵江苏·这里夜最美"十佳夜市。

这座百年工业老镇重新焕发出迷人风采，也吸引了更多的人关注唐闸、走进唐闸。大生纱厂工业遗存和周边配套区的修缮保护进一步强化，唐闸历史文化街区逐渐重现往日的荣光。近年来，新修建、开辟的景点吸引了众多参观者纷至沓来，包括唐闸印象展览馆，张謇家风家教展示馆，工房生活文化体验馆，广生制皂体验馆，时光印记活字印刷体验馆及 1895 文创园等。

2021 年 9 月，重装开街的唐闸北市景区，成为游客到唐闸游览休闲的必经之地。北市景区位于唐闸古镇高岸街北侧，占地 60 亩，建筑面积约 15000 平方米，东邻通扬运河，南接港闸河，街巷繁密。北市景区的更新工程按照"打造南通第一个具有地方特色、充满烟火气息的商业街区，使南通地方传统文化得以更好地保护与传承"的定位，成

唐闸北市景区

功引进非遗老字号、传统手工艺、文化创意、休闲娱乐等业态，传统民俗文化、民族工商业文化、市井生活在这里得到很好的体现。

唐闸北市景区高点定位，采用5G智能化系统。景区出入口采用人脸识别相机，实时统计游客数量；智能广播系统自动获取气象台数据，播报每日天气及游玩指数；智慧管理系统实时监测商户经营及能耗信息，根据相关数据进行智能化分析；智能3D灯光投影设备呈现景区夜间绚丽景象，并结合张謇及唐闸文化特色进行互动投影。

唐闸北市景区自开街以来，抖音排行位居南通市热门景区榜单前列。未来，唐闸北市街区将和周边1895文化创意产业园区、东西工房

运河东岸夜色

及新建的 600 亩文旅区融合，为张謇企业家学院的建设提供配套服务。

近年来，唐闸历史文化街区商业氛围逐步浓厚，游客量已从 2018 年的 30 万人次，上升到 2021 年的 120 万人次，人气聚集效应逐步显现。

唐闸已由中国近代民族工业发祥地，转型为工业文化特色鲜明、文化休闲舒适的新兴旅游目的地。在张謇爱国企业家精神的感召下，南通人正在刷新一个曾经在世界经济版图上留下深深印迹的地理标识，融遗产博览、休闲游憩、创意旅游、品质度假、诗意栖居等功能于一体，将唐闸打造成为工业文明活化石、文化创意新天地、休闲旅游目的地。

1895 文创园：
穿越百年的创意空间

　　百年历史的银光大戏院，铁锈斑驳的十多米高的储油桶，20 世纪初从德国进口的造纸机……走进南通 1895 文化创意产业园，与你不期而遇的就是这些记录了历史沧桑的老"古董"。

1895 园区位于崇川区唐闸镇西市街 18 号。园区的前身是 20 世纪初张謇先生创办的广生油厂。广生油厂以大生纱厂轧花下来的棉籽为原料，实现资源再利用，形成了生态化的产业链，蕴含循环经济的萌芽。1909 年，广生油厂改厂名为广生榨油有限公司。中华人民共和国成立后，更名为南通油脂厂。

　　1895 年，张謇先生在唐闸创建大生纱厂，获得成功后，一切"皆以大生为母本"，先后创办了复兴面粉厂、资生铁冶厂、广生油厂等 20 多家企业。这批企业大多以大生纱厂为轴心，直接或间接为大生纱厂服务配套，形成了一条较为完整的产业链条。如今，唐闸的近代工业遗存，除了还在运营的大生集团厂区之外，以位于西市街的 1895 文创园最为典型。

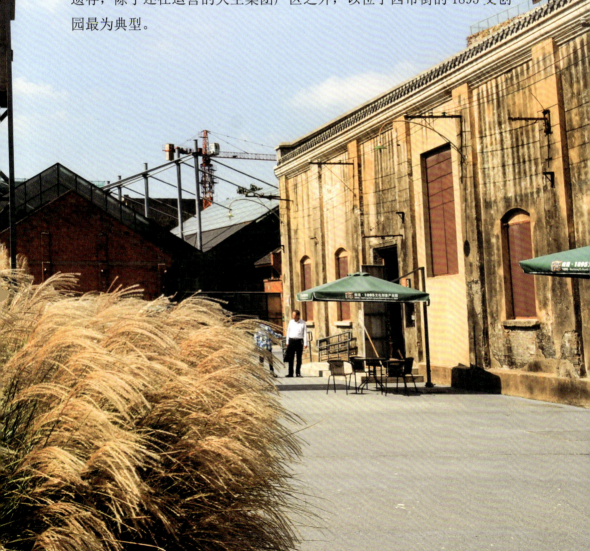

大生运河图在 1895 文创园展出

　　2008 年，南通市委市政府启动唐闸保护利用工作，全面修缮街区风貌，精心保护工业遗存，筹划申报世界文化遗产。借鉴国内外成功经验，结合南通工艺美术基础，适应经济转型升级需要，明确在保护工业遗存的基础上大力发展文化创意产业。1895 园区由此孕育而生。

　　园区总占地面积约 6.7 万平方米，总建筑面积约 4.4 万平方米，以"工业文明活化石，时尚创意新天地"为定位，包涵创意设计、创意工坊、创意会展、创意体验等七大功能。园区自对外开放以来，以继承弘扬工艺美术为主导，至今已成功举办了"从洛桑到北京"第七届、第八届国际纤维艺术双年展、1895 中国当代工艺美术系列大展、南通首届俄罗斯艺术周、波兰克拉科夫版画展、首届南通国际当代工艺美术双年展等精品文化展，极大程度上满足了游客对于追求艺术领域精神上的需求。

　　镇园之宝银光大戏院，是园区内最老的建筑之一。这是一栋高大宏伟的砖木结构仓库，它的体量之大，即使在今天也能给人带来强烈

1895 展厅

的视觉震撼。仓顶整齐排列的 23 根花旗松木梁气势恢宏，厚达 50 厘米的双砖墙斑驳沧桑，阳光从窗子上洒下，整个空间充溢着一种神圣庄严的气息。1949 年以后，为了满足工人的文化需求，将其改成大戏院，在此演出及播放电影。工业与文化的结合，是我国最早由工业建筑转化为文化建筑的典范。现作为公共展厅，成功举办过圣诞晚宴、创意旗袍秀及保时捷、奔驰的新车发布会等活动。

2014 年，园区又启动了与台湾文创产业的紧密合作，并先后合作举办了互动教育科技展，如"绘动的百骏图"与"春晓时代 汉宫 style""追梦——永远的邓丽君特展""水水五月天——台湾文创生活节"等两岸互动活动。令人记忆犹新的是，在邓丽君特展中，通过 3D 浮空投影再造的演唱会现场，伴随着纷飞的蝴蝶，远去的她翩然而至。一阙《何日君再来》，让人忘记了今夕何夕。特展吸引了从各地纷至沓来的歌迷，最远的来自黑龙江。

两岸文创互动，吸引了众多台湾市集团队与本地文青的共同参与，并以此推出了"南通·1895 创意市集"品牌。通过开展各类市集活动，园区集聚了一批充满想象力的生活艺术家、产品设计师、手工艺匠人等文创青年。园区也由此成功获评国家级文化产业示范基地，大陆首家海峡两岸文创产业合作区，江苏省文化产业示范园区，江苏省创业示范基地等多项殊荣。

经过多年的发展运营，园区紧紧围绕文化创意、数字传媒、信息服务、手工艺术、休闲旅游五大产业，积极探索产业发展之路。目前，已吸引了包括蔚澜家居、清美装饰、壹零零壹动漫、军盾影视、阿尔法传媒等 40 多个文创项目入驻，并引进高山咖啡、华宝酒店、红燕假日等多个休闲配套商业，产业格局日益完善。此外，园区以打造研究、

1895 风情秀

成型、孵化、投资、交易、服务六个平台为目标，打造了推广中心、青年公寓、会展建筑群、多功能体育场地等功能设施，为艺术家留驻创作、有志青年创业发展、小微企业孵化成长、企业办展发布等活动创造便利。

2022 年，园区与南通市北高新技术产业开发区形成战略合作，双方将整合各自优势资源，聚焦现代服务业产业转型升级和居民消费升级需要，共同深化创新载体平台建设，扩大 1895 园区内服务业产业规模。这一切，使 1895 园区内服务业呈数字化、专业化、标准化发展趋势，以此不断促进园区功能品质提升，打造成适应新时代发展需求的现代服务业示范区。

南通森林野生动物园：两万只动物萌翻市北

　　云开疫散，春暖花开。2023 年春，南通文旅市场不断回暖，重点景区呈现昔日重来的景象。进入 3 月，位于市北的南通森林野生动物园迎来了周末客流高峰，单日游客量超万人。

　　南通森林野生动物园总占地面积 2500 余亩，分为车行区、步行区和特色船行区三大部分，是华东地区大规模野生动物园之一。自 2018

大象与观众互动

年9月28日正式对外开放以来，南通森林野生动物园秉承"野趣，与丛林共生"的理念和宗旨，凭借独特的生态湿地景观、充满野趣的动物精灵、各类精彩纷呈的演出，以及特色的主题景区、便捷的交通和优质的服务，已经成为苏中苏北地区的新晋网红景区，曾创下日接待游客25000多人的纪录，"新冠"疫情之前的2019年游客总量达120万人次。

园区以大规模野生动物种群放养和自驾车观赏为特色，代表动物有中国国宝大熊猫、泰国国宝亚洲象、澳洲国宝袋鼠和鸸鹋，以及世界珍稀动物金丝猴、朱鹮、白狮、非洲狮、南美貘、狞猫、东方白鹳等在内的300余种，近2万头（只）野生动物。

车行区位于园区南半部，以野生动物的大规模放养为主要特色，占地约1300亩，车行游览线路总长度为约9公里。游客可以选择自驾或乘坐园内小火车游览。车行区内有芦溪荷泽、欧亚森林、美洲丛林、王者部落、风云草场、秘鲁高原、高原荒漠、非洲草原八大景点。游客进入车行区，既可以和温顺的食草类动物亲密接触，也可以一睹猛虎雄狮等野兽们傲立山头的风采。

步行区位于园区北半部，不仅可以观赏到大熊猫、亚洲象、南美貘、美洲狮、金丝猴、黑叶猴等众多珍稀野生动物，国际大马戏等诸多特色的动物行为展示和互动体验呈现。步行区占地约1200亩，游览

萌宠满园

线路总长约 6 公里。共分为玛雅雨林、澳洲阳光、梦幻岛、马达加斯加、鸟语天堂、森迪历险记（水域船行体验区）、迷雾森林、逗宝乐园、国宝家苑（大熊猫、金毛羚牛）、百兽秘境十大主题区域，配套有可以近距离观赏动物的网红餐厅，白虎主题餐厅和小熊猫主题餐厅，游客可与动物一同就餐。在步行区除了可以近距离观赏动物，还可以欣赏精彩的动物主题演出，精灵传奇国际大马戏、海洋剧场和泰象剧场给游客上演一场场奇幻动物秀。

船行区（森迪历险记）位于园区西半部分，主要展示以东方白鹳、朱鹮、黑颈天鹅等水禽类动物为主。船行游览是南通森林野生动物园特色的游玩模式，是游客必玩项目。船行路线全长约 2 公里，模拟亚马孙河域自然风貌，游客乘船经过浸入式生态鸟笼，可以观赏到各种鸟类、灵长类及小型哺乳动物，呈现一幅"鸟在天上飞，船在脚下游。两岸大峡谷 ，猿声啼不住 "的壮美场景。"森迪历险记"由原奇幻漂流纪升级改造而成，运用真实野生动物、机械仿真动物、仿真恐龙、红外感应装置、水雾装置等高科技声光电设备，打造的一个集主题、互动、探险、趣味为一体的主题游乐区。

2019 年暑期后，南通森林野生动物园集互动性、体验性、趣味性为一体的科普讲解课堂正式开课。对于孩子们来说，动物园既是一个放松自我的地方，也是增知长智的大好机会。不仅可以看到白虎取食的灵活身手，还可以听保育员讲它们日常生活中的有趣故事；一边听关于熊猫的科普知识，一边看它们展示走吊桥、荡秋千等技能；了解为什么小南美貘一身条纹花衣，和妈妈长相大不相同等知识点。

目前，南通森林野生动物园已成为国内较为重要的野生动物繁育保护基地之一。园区内大多数动物初步形成种群规模，盘羊、白狮、环尾狐猴、黇鹿、水豚、火烈鸟、东北虎等动物都形成了数十只乃至近百只的大种群，并仍在不断发展壮大。

为了满足游客的需求，在园区的各个区域内，都配有特色主题的大小餐厅和美食驿站。如，在玛雅雨林区的小火车小吃点，梦幻岛区的小丑驿站，马达加斯加区的海洋驿站，迷雾森林区的泰象驿站，逗

森迪冰雪乐园

宝乐园区的萌宠驿站。另外，还有特色的小熊猫餐厅和白虎餐厅。这里采用了全落地玻璃的设计，可以一边享用美食，一边观看动物。

在南通森林野生动物园的各大展区，设有特色的商品店，在园区内主要销售的有五大类商品，饮品、食品、纪念品、生活用品、玩具。根据区域的不同，主要有园区出入口商品店、园区各小商品驿站，如马戏商品店、国宝商品店、小火车商品店等)，这些商品店都有自己的特色商品。游客游园后可到商店选购精美可爱的玩具和礼品，在带走和动物们的美丽回忆的同时，把动物玩具带回家。南通森林野生动物园的吉祥物"森迪"玩偶小熊猫，在大熊猫商品店已经开发出一系列的熊猫礼品，有熊猫手套，帽子，爪，大熊猫玩偶等。

2023 年"五一"假日期间，与园区毗邻的森迪冰雪乐园开门试营业，并于端午节期间正式开业，敞开怀抱迎接各地游客。据了解，森迪冰雪乐园隶属于森迪文旅二期投资项目，总建筑面积 4 万平方米，设有冰雪娱乐区和游乐休闲区两大区域。冰雪娱乐区均由真冰真雪打造，室内温度常年保持零下8℃~12℃，设有极地小镇、飞跃雪川、滑雪场、冰川秘境、童梦雪堡和魔幻雪山六大特色项目。该项目是华东超大规模的特色室内冰雪主题乐园，它的建成开业填补了南通旅游业在冰雪领域的空白。

作为南通首家室内滑雪场，森迪冰雪乐园将全年开放，同时配备专业的教练团队提供技术指导与技能培训。此外，游乐休闲区还设有大型真冰湖面，配备亲子互动乐园、主题餐厅、主题扮装商店，以及精彩的冰上演艺等特色项目。

与森迪冰雪乐园紧邻的森迪酒店也将为游客带来全新的体验。届时，客人入住酒店，打开窗户即能看到长颈鹿、斑马、驼羊、非洲狮等数十种非洲动物。该酒店为华东地区首家非洲主题酒店，建成后与野生动物园、冰雪乐园形成的森迪大型旅游度假区，将成为南通文旅一张靓丽的名片。

Tips

"通野"好通

南通森林野生动物园坐落于崇川区通刘路299号，地理位置优越。景区距高架出口1公里，距沪陕高速陈桥出口1.5公里，距南通火车站4公里。随着南通地铁2号线的建成通车，市民前往南通森林野生动物园打卡将更加便捷。由园区冠名的"南道森林野野生动物园号"高铁（简称"通野号"），途经上海、南京、苏州等多个重要旅游客源城市，吸引了更多上海及苏南游客畅游南通。

奇妙农场，来一场纯粹的奇妙之旅

花海烂漫、小桥流水、沉浸体验馆、房车露营、网红餐厅……在南通，有着这样一个集游玩和观赏、体验和研学于一体的宝藏打卡地，那就是近两年崇川区推出的文旅新 IP——南通奇妙农场。在这里，你可以体验四季花海、列车美食、星空树屋等网红打卡项目，也可以感受传统农耕、非遗文化等休闲项目带来的传统文化之乐。

南通奇妙农场位于崇川区通刘路，在南通森林野生动物园对面。距南通火车站3公里，公交108路直达景区，紧邻沈海高速南通城区出口，交通便捷。农场由"江苏新通海投资集团"和"南通市瑞斯生态农业示范园"联合打造，占地近800亩，总投资约10亿元。

　　奇妙农场集生态观光、亲子游乐、研学实践、红色教育、团建拓展、特色餐饮及亲子主题酒店为一体的休闲度假景区，目前已被列入江苏省国家4A级旅游景区创建名单。

奇妙农场奇妙夜

网红之桥

自 2021 年 10 月对外开放以来，奇妙农场受到广大游客的一致青睐和好评，陆续获得南通最具人气景区奖、南通市中小学德育基地、南通市爱国主义教育基地、南通市劳动教育及研学实践基地、江苏省优秀研学实践基地、南通市职工思想政治教育基地、南通市家庭教育实践基地、崇川区青少年科普教育基地等社会荣誉及称号，并被江苏省南通中学等多所学校授牌"社会实践活动基地"。

"打造一个深度体验式农场，让游客来了之后能够有所收获，尤其是思想上的启发，这是最重要的。"农场负责人表示。

园区内占地 120 亩的四季花海爱情婚庆区，借鉴荷兰公园经营模式，展示国内外花卉研发新品种，配合巨型可旋转荷兰风车营造规模化、差异化的视觉效果，并与专业的婚纱摄影公司合作，打造专业的婚纱摄影拍摄基地、年轻情侣的网红打卡地。园区穿越丛林间设置瀑布、溪流，以及仿真生物，让游客在充满自然气息的森林中远离都市的喧嚣回归自然。此外，荷塘月色、碧潭观鱼、乾坤盆景园等项目也无一不彰显着生态、自然的惬意与魅力。

缤纷园区

　　园区内四季水果采摘、四季田野、有机蔬菜、养殖基地等项目，不仅提供游客进行农事体验，还通过四季交替错位落差设计，形成独有的四季丰收网红景点；种植采摘区栽培草莓、水蜜桃、枇杷、火龙果、桑葚、梨子和蝴蝶兰、罗汉松雀舌等高档花卉盆景。让游客各季节都能品尝到亲手采摘的新鲜原生态的水果蔬菜，从紧张的工作环境中解脱出来，体验农耕文化，回归田园生活。

　　水上娱乐项目也是园区内区别于别处的又一个亮点。水上观光娱乐区建设有800米亲水观光步道，并依托良好的水面资源，通过碧海银沙彩色沙滩、水上游乐园、网红摇摆桥、喊泉喷泉、水幕电影、阿基米德水利工程、水上飞天威亚、赛龙舟等项目，结合季节不同，打造水上运动会、嬉水王国、水上冲浪、皮划艇、竹筏、水上漂、水上蹦床等活动，为游客提供无水不欢的激情世界。

　　亲子项目在园区随处可见，有时尚网红的七彩滑道、滑车、高速刺激的越野卡丁车、形象逼真的真人CS、技巧与力量结合的射箭、充满技巧的网红挖掘机、非遗手工坊、孩子最爱的喵咖积木王国，以及自然灾害山洪暴发实景体验，在感受雷暴、洪水、泥石流等刺激的同时，学习更多的科学知识和应对技巧；同时配套萌宠乐园，让小朋友体验骑马、喂养小动物，参与小猪快跑等趣味活动，尽享快乐甜蜜的亲子时光。

2022年，奇妙农场被南通市委宣传部授牌"爱国主义教育基地"，园内建有《旗帜》中国共产党历代表大会巡礼展，回望百年光辉历程，了解中国共产党的发展史，不忘初心使命。整个展馆分三个板块：党代表大会的具体介绍贯穿展馆，南通地区党史发展及新崇川成立后党代会的介绍。展馆全年向游客开放，教育广大市民、青少年学生时刻铭记历史，并坚决拥护党的领导，为实现中华民族伟大复兴的中国梦而不忘初心、牢记使命，永远奋斗。园区内设有专门为团队素质拓展配备专用场地、露营帐篷、体能乐园、丛林探险等设施设备，并提供专业拓展教练为各企事业单位服务。

在穿越世纪的魔法蒸汽火车中，吃一点精致西餐，喝一杯下午茶；在农家柴火土灶台，品尝一顿乡味土家菜；在中餐厅，上一桌实惠家常菜；在房车露营区，邀上三五好友来一个自助烧烤。这些项目无疑都会让每一位食客在大快朵颐之时，流连忘返。园区内充满童趣的星空树屋、房车露营、环湖别墅、亲子温泉酒店等多种主题住宿区，可满足游客各类住宿需求，轻松度假。

Tips

这个农场很贴心

为了方便来园区的游客，农场配套建设了10000平方米主入口生态停车场、4900平方米的花卉组培展销中心，建筑面积1800平方米的配套办公用房、2200平方米观景长廊、3500平方米的亲水平台，以及为景区配套的亭台及游客中心、母婴之家等附属设施、24小时无死角安防配套、应季救援呼叫器等。农场为游客运动活动配套5公里的柏油路和15公里的田间青砖道路，生产配套的排灌系统地下涵闸等设施，管家式服务为游客的奇妙之旅提供无忧保障。

城市绿谷：面朝长江，寻梦百年

"城市绿谷"这个名字，不太容易让人把它和近代园林联系起来。然而，它的确是由一座融汇中西的江海名园衍化而来。它的前身叫作陈氏花园，清宣统二年（1910 年），实业家陈维庸在长江边的芦泾港芦家圩塘开建了这座私家园林，由南通籍建筑师孙支厦设计，后经扩建有了今天的规模。2009 年，政府投资改建这片园林，使之成为面朝长江、鸟语花香的城市绿肺，定名"城市绿谷"。

每一座园林就像每个人一样，都有自己的性格和标签。城市绿谷，"绿"是她天然的妆容，"谷"取僻静之意境。这里离城市很近，然而，走进这片幽静之谷，顿生陶渊明"心远地自偏"的感觉。

这座百年老园并不是一个远离尘世的隐逸之所。如果说南通的近代史是一部体系完整的大书，陈氏花园所对应的时空，则是张謇等先贤治水保坍的那段岁月。

进园即可看见的治水群雕，记录了张謇诸公商讨治水方略的那一幕。五人雕像，分别是张謇与其兄张詧、从荷兰特聘的水利专家特莱克父子，以及本园的园主陈维庸。他们来到这座江畔花园绝不是为了赏花观景，众人的目光，关注的是前方那片江面。

清末民初，长江下游水流持续冲刷北岸，造成沿江土地田亩坍削日益严重。面对肆虐的江潮和淹没的田亩，时人慨叹黎民百姓生活之艰难，但当时的地方政府却无力出资修筑堤岸。

江岸保坍是南通人民在没有任何政府资助下进行的一项自治工程，经费十分困难。虽然张謇在江边并无一寸土地，但是他还是不顾年事已高，为筹资保坍奔走呼号。1908 年，张謇自掏腰包 3000 多银圆，

治水群雕

聘请上海浚浦局总工程师荷兰人奈格来通设计保坍方案。1911年4月，张謇主持成立了通州保坍会。辛亥革命之后，张謇下定决心重新组建保坍会，新组织的南通保坍会由张詧为会长。

奈格之子亨利克·特莱克1916年4月应南通保坍所聘，任驻会首席工程师，全面负责南通地区建筑沿江水楗保护坍田工程。年轻的特莱克曾跟随父亲来通协助勘测，非常了解江岸形势和坍塌原因，他充满工作热情，且不计较报酬。张謇经过深思熟虑，决定把保坍重任交给这个外国小伙子。

在南通短暂的3年里，亨利克·特莱克设计了12座水楗，主持修建了其中成天生港至任港口的10座，收到了"分杀水势"的效果。他设计建造大型水闸1个、中小型水闸7个、桥梁1座、水库6个，还完成了三条道路的规划图纸设计。这些水利设施在此后的百年里，一直保护南通人民的生命财产安全，有些水利工程时至今日还在发挥作用。

绿色满园

　　1919 年 8 月，特莱克到建设中的遥望港工地督工，不幸感染霍乱。8 月 18 日清晨，船行到市区他督造的中公园桥畔，年仅 29 岁的他闭上了双眼。百多年来，他成为南通人始终铭记的城市英雄。

　　而张謇先生最终也倒在了长江治水一线。1926 年 8 月 1 日，这位已有小恙、身体不适的 73 岁老人冒着酷暑，来到长江边视察沿江保坍工程。回去后病情加重，8 月 24 日在濠南别业与世长辞。

　　当年的保坍会，办公地点即在陈氏花园中。园林与长江，仅仅一墙之隔，园中水系都引自江水。如今，坐在那个六角亭下，就可以从眼前的荷花池看得见长江水的涨落。

　　今天长江岸的风平浪静，离不开先贤们的殚精竭虑。哪有什么岁月静好，只是这些先行者为我们挡住了惊涛骇浪！

　　在今天的城市绿谷内，长江水利治理展陈馆为我们展示了百年的历史激荡。2020 年，城市绿谷成立了"张謇企业家精神传承基地"，让张謇先生实业救国理想内涵得以传承发扬。

到这里，你也可以静下心来欣赏园林之美。在设计师孙支厦的妙手梳理下，整座园林的中西合璧毫无违和感。在中国风的主调外，洋楼别墅已融入其中。红瓦白墙，带顶盖的烟囱，宽大的转角长廊，英法风格的庄园布局与中式的重檐翼馆、曲水流觞混搭出了花园的独特气质。这里虽然偏居城市一隅，但在那个年代这里绝对是领风气之先的所在。城市绿谷已将几栋年代感满满的小楼开辟为民宿，让远道而来的你住进百年前的江景花园，过一把穿越之瘾。

这座园林最大的特点，便是一个"绿"字。这里有名木古树2000多棵，品种达150种之多，其中树龄在一百年以上的就有20多棵。两棵并肩耸立的"双榉参天"，堪称一绝。

漫步绿树丛中，犹如置身长江边上的一个大型盆景园。百年倏忽，今夕何年，徜徉在绿谷之中，你会为这个静静伫立在长江岸线上的花园深深着迷。

Tips

城市绿谷何处寻

如果你从南边过来，可以选择走长江路高架，一路向北在芦泾路口左转就可到达。如果从东边来，可以走江海大道高架，到长江路口下右转在芦泾路口左转。交通极为方便，不用担心停车。

园中有酒店，可得园林美食的双重享受。带孩子来玩，有各种亲子文化、游乐活动。大块的绿茵，可以进行企业团队拓展项目。

帽饰博物馆：从头开始，向美而生

帽子，是人的"头等大事"。古时它象征地位，春秋战国时期被纳入礼制。从衣冠楚楚、冠冕堂皇等成语中，就可以看出古人对帽子的重视。时下，随着帽饰类型日趋多元，帽饰文化特征鲜明，帽子越来越融入许多人的生活，成为出行必备，或是时尚搭配。

如果你对帽子感兴趣，想一睹古往今来、中西各地的经典帽饰，在南通崇川，富美帽饰博物馆定能满足你的期待。如果你是一位帽子发烧友，那么，你简直到了梦中的天地。

这是一座专门以帽饰为主题的非国有博物馆，藏品数量之多、品类之全，属国内之最。馆内展出有帽子、暖耳、眉勒、头饰等 300 余件珍贵藏品，从古代银点翠七凤冠，到当代设计名家的经典之作；从巴拿马草帽到印第安鹰羽帽，再到中国少数民族的各种帽饰，一应俱全。每一件藏品，都是由馆长孙建华从世界各地寻觅而来的。每一顶帽子的背后，都隐藏着一段有关时代与人生的故事。

帽饰博物馆展厅

孙建华，人称"帽子哥"，怀着对帽子的痴迷和热爱，从 2006 年起便开始收集与帽子有关的艺术品。至今，美国、英国、法国、荷兰、日本、韩国，中国的云贵高原及偏远少数民族地区，都留有他的足迹，"寻帽之旅"仍旧未完待续。

"帽子哥"的想象还远不止这些，关于帽饰故事、帽饰文化亦无止境。

2023 年 5 月 18 日，时逢一年一度"国际博物馆日"，位于崇川区新康路 98 号的南通帽饰义创园盛人开园，园区博艺楼内的富美帽饰博物馆分馆崭新亮相。

南通帽饰文创园是由南通富美服饰有限公司打造的一座集帽饰时尚文化、创意研发、信息交流、展览展示、数字科技文化等功能于一体的综合性文化园区。其中，近一万平方米的博艺楼以"任何地方都能成为打卡点"为出发点，主打传播帽饰文化的艺术殿堂。

博艺楼共设三层，整体空间高大简约，舒适典雅，内里风格迥异，设计感十足。一层集合联名文创集成区，临展 101 Space A，以及 FAD（fashion/art/design）阅读屋,咖啡馆；二层帽饰博物馆分馆,包含"观帽"基本陈列展及多媒体互动空间，打造集美学空间、创意时尚、艺术文化、研学交流、知识教育于一体的帽饰类专题博物馆，更好地传播帽饰美学文化;三层设置宴会厅,承接举办帽饰时尚主题的各种派对。

区别于主馆,分馆在藏品容量、呈现形式上更加丰富、精致和多元,给人极强的视觉冲击和独特的审美体验。"观帽",正如其名,即是希望观众以一种放松的心情,游走于古今中外的帽饰之中,从而体验、感悟不同文化的生活方式与价值追求。"观帽"展划分七个单元,分别是"一代昭度"——明、清至民国时期的冠帽和头饰;"顶上风华"——19世纪中期至20世纪60年代欧洲帽饰;"世界大同"——中国少数民族帽饰藏品与其他国家帽饰藏品;"巧手天工"——草编非遗文化;"时尚宠儿"——国际品牌帽饰;以及"富美智造"——富美设计师的优秀作品。

"我希望能让游客看到一座有调性的博物馆",孙建华如是说。走过千山万水,看遍世间风景,希望这座帽饰博物馆,能让你寻找到一些心动的感觉。

古今中外的帽饰藏品

131

紫琅湖，都市潮玩新趣地

　　无论是在南通大剧院听过一场余音绕梁的古典歌剧，还是在南通美术馆看了一次目迷五色的后现代画展，如果还有些可以消耗的时光，漫步紫琅湖，将成为你静心休闲的下一站。无论日落月起，此处的秀美之境，会让你觉得城市之魅，就在于那一面平静的湖水。

紫琅新天地

　　白日里的紫琅湖，清风徐来，水波不兴。湖畔有人悄悄入画，有人找寻最佳视角记录美好。骑着单车，或是散步环绕湖边，自是一段心旷神怡之旅。夕阳西斜，橘黄的日光投射湖面，湖水随即金光涟涟。片刻驻足，湖水渐暗，人影来往穿梭，等待着华灯初上，点亮魅力紫琅。此时，站在湖畔回望，南通大剧院流光溢彩，南通美术馆美轮美奂，光影水秀，绚丽夺目，让人叹为观止。紫琅湖的十二时辰，皆有其至美画面。

　　紫琅湖区域占地面积 131 公顷，其中绿地面积 42 公顷、湖面面积 89 公顷。从空中俯视，紫琅湖呈"宝葫芦"状，通过环湖亲水平台及步道连接起沿湖广场、活动中心，同时配置白沙滩、运动球场等功能景观，为广大游客提供了方便舒适的社交活动空间。湖中通过石汀步、石板桥等串接起数个特色小岛形成岛链，湖边设置了石滩、水阶、观景平台，为市民游客提供近水、观水、亲水的场所。如有兴致，可相约到此，野餐、放风筝，在慢调中感受生活的美好。

　　一面是清清湖水透着闲适，一面是满满活立燃情滨湖。紫琅湖活

力商圈依湖而建、枕水而居，丰富功能渐次落地。位于紫琅湖西侧的紫琅新天地，与湖东的南通金鹰世界相互呼应。作为紫琅湖活力商圈的首站，紫琅新天地滨湖而立，旨在打造优雅、舒适、活力的滨水景

紫琅湖晨曦

湖休闲商业街区。以滨水、休闲、娱乐、运动、美食为亮点，创建独有的滨水特色消费空间，营造水岸生活场景体验，为南通及周边城市追求品质休闲的客群提供潮玩新趣地。

紫琅湖畔的南通"第四座钟楼"

作为创新区首个滨水商业街区，紫琅新天地将大力发展"首店经济"，引入网红书店、体育冲浪、潮牌买手店、艺术体验等"通城首店"。多家城市首店和品牌旗舰店入驻，重新定义南通潮流生活内涵。

网红旗舰、风情美食、娱乐运动、夜享天地、文旅休闲，紫琅新天地着力划分五大功能区，创建多元化的城市活力共享空间，带来无限的探索可能。在这里，全国最大的独立书店"几何书店"置身于复刻的南通"第四座钟楼"内，在保留自身"拱"式特色的基础上，融入独特的江海文化，变身具有南通韵味的复合书店。室内室外冲浪体验逆风启航，让你四季造浪；还有南通首个无边玻璃幕墙泳池，激活你的运动细胞，尽享水上乐趣。这里也是寻味南通的新地标，世界美食集聚地，是吃货不容错过的一站。

这里延续着江海人文精髓，展现新南通都市风情，为城市新中心建设汇聚了更多的"人情味、烟火气"和"国际范"，为追江逐浪而来的年轻人创建全天候一站式娱乐天地，为来通游览的朋友们提供"吃住行游购娱"路线新站点。

南通大剧院和南通美术馆

南通大剧院、美术馆：文化地标双子星

矗立于紫琅湖北岸的南通大剧院，形似一架协奏的钢琴，形成“琴山珠水”的独特景观。东侧的南通美术馆仿佛一座“艺术万花筒”，生动地诠释南通文化圆润通达的艺术气韵。夜幕降临时，两大建筑灯火相邀，如同一对“双子星”点亮湖滨璀璨夜。

南通大剧院和南通美术馆是通城新崛起的两大文化地标，两处建筑设计均出于法国大师保罗·安德鲁之手，堪称城市形象封面作品。自 2021 年开幕运营至今，南通大剧院和南通美术馆已成为本地的文化新地标。开业以来，尽管疫情不间断来袭，但这两个崭新的文化空间始终挺立潮头，为通城百姓带来一场场文化艺术盛宴。

一部爆款的红色舞剧《永不消逝的电波》于 2023 年 4 月登陆南通大剧院。这场被观众称作“最美舞剧”的作品，原定 2022 年就亮相南通，当时就激发起通城观众的抢票热情。

　　同样是由周莉亚、韩真执导的现象级舞剧，2021 年的《只此青绿》全国巡演第一站选在了南通大剧院，让国内同行和观众关注到：南通有了一个体量在全国排第五的大剧院。

　　观众还记得南通大剧院揭开面纱的"开场戏"，是 2021 年 5 月 18 日由中国交响乐团带来的"南通好家园"音乐会。为了争取中国交响乐团及著名指挥家李心草来通，当时尚在建设收尾阶段南通大剧院工程全力冲刺，确保请来国内顶级的交响乐团来唱响开场"第一声"。

　　陈佩斯带来了话剧"戏台三部曲"之《惊梦》，将上海首演之后巡演的第一站放在了南通大剧院，演出后点赞南通观众"懂戏"；戴玉强率领屡获殊荣的中国声乐"梦之队"登台，为南通观众带来了一场"为你歌唱"专场音乐会，完美的音效和观众的热情，激发歌唱家主动加唱曲目。连台好戏次第登场，让本地观众在家门口就可以观赏过去要去大

夜幕下的南通大剧院和南通美术馆

城市才能追到的"大戏"，同时吸引了周边城市的拥趸纷至沓来。

南通大剧院新增艺术普及板块——"琴山·艺术讲堂"，开展各类活动，吸引市民走进剧院，让观众与舞台、与艺术亲密接触。"小小剧场人"招募活动，让小朋友体验到台前幕后的实际操作，度过一段有意义的剧院之旅。

南通美术馆于 2021 年 6 月 30 日正式开馆以后，旋即成为文艺爱好者的热门打卡地。开馆首展，六展齐发的艺术盛宴，令观众目不暇接。艺术展览均对市民免费开放，充分发挥了文化单位的社会效益。

南通美术馆的横空出世，改变了本地公立美术馆缺位、民营艺术馆也不发达的状况。作为国内地级市中展厅面积居前列的美术馆，这里浓郁的艺术氛围令人流连忘返。

为了进一步提升展览层次，运营团队前往北京拜访中央美术学院

观众在南通美术馆观看袁运生作品《水乡的记忆》

院长、中国美术家协会主席范迪安，请他担任"五观"跨年大展的策展人。"五观"大展涵盖了张仃、白明、冷冰川、逄小威、马岩松五位艺术名家的作品，开展之后好评如潮，并获得省级优秀展览项目奖。

2023年4月8日，"回到南通——袁运生艺术展"开幕式在南通美术馆举行。此次展览是南通籍美术家袁运生艺术生涯最大规模的回顾展，也是南通美术馆倾力策划的"通籍名家回乡"系列展的首展。袁运生在之前回南通时，参观了家乡的这座新美术馆后赞不绝口，欣然答应在此举办个人作品展。

南通美术馆秉持"弘扬传统 推崇创新"的理念，围绕艺术藏品、展览陈列、学术研究、公共教育、文化服务等方面，开展多层次的文化艺术交流活动，致力于成为中国美术南通现象的展览展示中心、学术研究中心和宣传交流中心。馆内共有21间专业展厅，同时设有国际报告厅、多功能厅、会议室、藏品库等，不仅能够满足了国内外一流艺术展的展览展示需求，而且实现了市民在"家门口"零距离、一站式欣赏中西方艺术盛宴。

南通大剧院、南通美术馆是市委、市政府重点建设的标志性文化工程、民生工程，承载了江海儿女对美好文化生活的新期待、新梦想。南通文化艺术中心在致力于建造高雅艺术展演空间的同时，以其演出、展览的艺术功能为依托，促进两大文化场馆的多元发展。

南通大剧院和南通美术馆的崛起，正在为这座城市发展的能级赋能添力，彰显出与"万亿之城"相匹配的文化软实力。

已经有越来越多的观众，尤其是年轻人，走进了大剧院、美术馆看展、观剧、打卡、休闲。南通文化艺术中心将继续探索发展新模式，运营管理好政府文化艺术主阵地，努力将大剧院和美术馆打造成南通的文化客厅，长三角的文化地标。

Tips

南通大剧院的镇院之宝

这是一架由奥地利里格尔（Rieger）管风琴公司为音乐厅量身定制的管风琴。它是国内外观最大的管风琴，设计灵感来源于"江海之城 诗意南通"。2022 年 8 月 28 日，南通大剧院管风琴迎来了第一位启封者——著名演奏家沈媛。南通大剧院专门开展"透过管风琴看音乐史中的人类审美"主题讲堂，让观众近距离接触管风琴，全方位受到古典音乐熏陶。

三鲜街，江海美食鲜天下

三鲜街，位于狼山国家森林公园北侧，长江南路南侧。行至此处，两旁垂柳轻飘，山花浪漫，朝南望去，悠然可见狼山，让人赏心悦目。

到了饭点，三鲜街内各家美食商户开始忙碌起来。来往的游客、本地的老饕，纷纷从四处汇集到这个街区来。人们像被店内飘出的鲜香味逗引着，迫不及待地去寻觅一家中意的餐馆，去品尝舌尖上的南通。街巷骤然就会热闹起来，成为城市烟火气的一处缩影。

作为南通市和崇川区两级政府共同打造的文化产业特色街区项目，狼山三鲜街于2014年1月1日正式开街运营，成为南通市区一个崭新的江海美食打卡地。

鲜活的食材，鲜美的口味，新鲜的空气。这大概就是"三鲜"的要义吧。如果说每一座城市都有她的美食标签，比如，成都的辣，苏州的甜，那南通的原生味道，就是一个"鲜"！南通地处江海交汇的平原，这里水网密布，河流纵横，因盛产河鲜、海鲜，成为一座令食客赞美不已的"鲜城"。

三鲜街上的店家，以海鲜、河鲜以及南通本帮菜为主体，选料讲究鲜活自然，做法追求原汁原味。菜式在南通本地江海菜的基础上加以改良，融合川、粤之风味，汇入国内餐饮主流。并适合现代人的营养理念，让菜肴在美味可口的基础上更安全、健康。三鲜街已经形成一个具有浓郁南通地方特色，兼具多元化风格的餐饮、休闲、娱乐相结合的综合性美食文化街区，逐步打造南通的美食地标、节庆广场、休闲客厅和地方文化窗口。

三鲜街的特色和定位，吸引了众多餐饮商家的集聚，梅林春晓、江海渔港、中南之海、江海一锅等一批本地知名特色餐饮企业纷纷入驻。这里有规模超大、设施齐全的宴会中心；有传承秘制工艺的牛羊特色菜馆，有异域风情的朝鲜餐厅——平壤解放山馆，还有一站式旅游产品购物中心江海民俗风情苑，以及江海特色小吃广场、休闲酒店等多种配套业态。

三鲜街江海美食文化诚信示范街区，以打造"百姓厨房，美食天地"为目标，以建立"诚信标杆，文化街区"为追求，立足街区事情，突出重点举措，让诚信经营在这条街上蔚然成风。

江海美食博物馆是三鲜街上的一大亮点。这是南通唯一的饮食文化风俗博物馆，也是崇川区"双重"项目。

这一博物馆在汇聚江海风味的基础上，注

夜幕下的三鲜街

重在美食中展现"爱、敬、诚、善"的文化价值。作为一个承载美食文化是载体,紧密结合了爱和敬主题。婚嫁厅,还原新郎新娘洞房花烛夜的场景,用传统的婚庆方式,向顾客传递了夫妻之间举案齐眉、互敬互爱、和睦相处的家庭文化;寿宴厅表达尊老敬老的主题,"百德善为首""百善孝为先",这里展现的是养父母之身、怡父母之心、行父母之志的传统美德。

在二楼展厅中,展示的二十四节气时间轴,也是南通饮食文化的时间族谱。这里体现出了"民以食为天"的理念,秉承节气变化,介绍南通先民是如何选用新鲜的时令菜料来制作养生美食的。

博物馆中还陈列了南通历代美食名人代表,展示的是他们以江海食材为经,以烹调技法为纬,创造江海美食、培育烹饪文化的故事。

江海美食博物馆可提供怀旧餐饮

明末清初的戏剧家、美学家李渔出生成长于如皋，他也是一位美食家。他在《闲情偶寄·饮馔部》中，用24字概括了餐饮的真谛："重蔬食，崇俭约，尚真味，主清淡，忌油腻，讲洁美，慎杀生，求食益。"这些理念至今仍未过时。"秦淮八艳"之一的董小宛多才多艺，曾亲手调制许多特色美馔，冒辟疆在《影梅庵忆语》中多有记述。董小宛创制的董糖流传至今，清道光年间的《崇川咫闻录》中就有记载。清末状元张謇在烹饪上的贡献，是从开启烹饪教育入手的，他所创办的通州女子师范学校设有烹饪课程。由南通翰墨林书局1916年出版的《烹饪教科书》，被称为中国烹饪教育的开山之作，在百年之前就提出了"烹饪要以味为核心，以养为目的"这样符合当代潮流的思想。

145

五水交汇处

任港湾五龙汇：都市边缘蝶变金色港湾

长江之畔、五水之滨的任港湾和五龙汇，昔日是南通的交通枢纽和老工业基地，进出南通港和南通汽车站的匆匆脚步，是无数南通人难以磨灭的回忆和情怀，写下过南通发展变迁的"西城故事"。

再将时光向更久远的年代回溯，这里得水运之便，是古通州城通江达海的门户。任港的形成年代最早可追溯到宋代，作为古代重要经济命脉的运盐河，就是由任家港流入长江。五龙汇，是因五水交汇而得名，通扬运河、通吕运河、船闸河、水闸河汇集于此，加上长江，这里恰如五龙聚首。

随着城市发展格局的变化，加上交通方式的日益多样化，南通各大新兴板块相继崛起，相形之下，开发更早的老城西渐显落寞，甚至一度成为被遗忘的角落，逐渐被"边缘化"。

沉寂许久,任港湾和五龙汇片区,终于迎来了"涅槃重生"。2020年,市委市政府提出,将其打造成为城市副中心。行政区划调整后,崇川区将这一片区开发建设作为主城区资源整合、空间优化的"点睛之笔",高位统筹,强势推进,使之成为活力主城的热点区域、城市能级提升的最前沿。

　　拥江抱河、名校相伴、商圈集聚······2022年10月11日,南通城市副中心——任港湾五龙汇片区十大重点工程启动。备受社会关注、承载着通城百姓乡愁记忆的南通主城西部片区开发,进入加速推进期。总投资逾40亿元的十大重点工程,是片区开发建设的重要节点,包括北滨江景观带、任港河景观带、通吕运河生态景观带、分水岛西岛生态景观、五龙汇生态改造、体育公园一期、迪帅二附任港湾校区、城中小学五龙汇校区、路网水系配套,以及南光澳门中心商业等十个项目,涵盖生态、教育、商业等多个方面。

　　任港湾和五龙汇片区,西靠长江南通段,通吕运河穿境而过,万里长江和通吕运河交汇形成的T字形黄金水岸区域,拥有得天独厚的

南通宜家推出"可持续"新品秀

分水岛景观

生态绿流资源。拥江抱河，这里是南通市区最为宝贵的亲水区域。片区开发建设以来，沿江沿河带披绿换新，区域形象不断焕新，分水岛都市绿洲公园成为网红打卡地。运河畔，人们漫步欣赏落日晚霞，在这里品尝美食，享受着都市慢生活。

随着运河功能的重新定位和绿廊工程的不断推进，国内外知名品牌商家相继落户于此。如今的五水商圈已聚集了万达、宜家、山姆、1912文化街区等九个国内外一线品牌商家，成了市民休闲购物的好去处。

沃尔玛旗下的会员制商店——山姆店在五水商圈开业以来，凭借通过精选的商品、轻松有趣的购物体验和显著的会员价值，山姆将购物变为了轻松惬意的生活享受，闭眼入不用挑的高品质，不仅很好地满足了南通居民的品位格调，卓越的客户服务也深受市民偏爱，无论全家老小，都总能从中发现惊喜乐趣。

让形象气质同步提升，加快打造生态宜居、景色宜人的美丽港湾。此次片区建设，将重点推进北滨江景观带、通吕运河生态景观带、任港河景观带、分水岛西岛生态景观、五龙汇生态改造等工程，进一步改善内河水环境、提升区域大环境。同时，高品质建设"银仓映翠、轨踪繁英、芦荡听风、长河飞霞、江豚逐梦、塔影钟声、双楗潮生、老埠归舟、天后崇福、渔渚揽月、水市晨光"等景点，让任港湾和五龙汇片区成为江、河相汇，港、湾相依，产、城、人和谐相融的美丽家园。

玩转崇川商圈：闲看城市的人间烟火

　　每到周末节假日，市北的商业综合体万象城里，各类商品琳琅满目，餐饮名店座无虚席，导购员卖力促销，前来购物的市民络绎不绝。2022 年 11 月底，南通万象城通过官方公众号发布，上海排队王西塔老太太烤肉店、全球咖啡连锁品牌 Tims、重庆火锅热榜 NO.1 朱光玉火锅店、新式轻食西餐 GFGD、TV 名表集合店等 11 家品牌首店将密集上线，涵盖高端腕表、咖啡、多国料理等众多品类，将引领南通新一轮的消费与时尚潮流。

2023 年 1 月，疫情过后的南大街商圈

商业体是消费聚集地，是城市商业活力的载体。来到南大街传统商圈、市北区域性服务商圈、商务区－紫琅湖活力商圈，点餐声、叫卖声、交谈声、欢笑声不绝于耳……南通通过积极引进国际国内高端品牌、大型零售品牌及一线时尚潮流品牌，大力发展"首店经济"，打造消费新场景，城市烟火气升腾，消费增添了新活力。

五水汇，因通吕运河、通扬运河、大港河相交汇而得名。从五水汇大舞台出发，沿着运河一路向西，穿过城闸大桥，看到的是车水马龙、一片繁华。这里如今已成"五水商圈"。随着运河功能的重新定位和绿廊工程的不断推进，国内知名品牌商家相继落户于此。如今的五水商圈已聚集了万达、宜家、山姆、龙信广场等多个国内外一线品牌商家，成了市民休闲娱乐的又一个好去处。

五水商圈定位高端，汇聚城市综合体、五星级酒店、家居家饰、大型超市、体育用品、5A级写字楼、特色文化街区、美食广场，以及各种辅助购物休闲娱乐设施，全面提升南通商业等级。各家商业体就坐落在附近居民目之所及的位置，踏出家门就可以去欧尚购买生活必需品，去山姆寻觅进口商品，去万达逛街聚会，去宜家感受北欧人的生活方式。在这里，停车不再是难题。不管是拖家带口，还是大件采购，大型停车场的配置和人性化的服务，让一切都能轻松解决。正是如此高性价比的一站式舒适生活体验，让五水商圈获得了南通以及周边城市居民的青睐。

丁古角北入口广场"变身"，充满文化韵味；"三巷"店招店牌换新出彩，活力满满；文峰、

万象城是北大街人气最旺的综合体

八佰伴等业态升级，多个品牌首店满足多元化购物需求；西南营南关帝庙巷东入口打通，实现与南大街商圈互通互融；华达广场改造，环濠河精品酒店精致餐饮集群雏形初现……

环濠河南大街片区是南通"老城核心"，是历史最悠久、业态最丰富、特色最鲜明的商业区。建新城不忘改造老城，推动老城新区交相辉映。

让客群重回南大街，不仅是焕新的"面子"，更是重生的"里子"。作为南大街商圈的主力，文峰大世界、八佰伴等商业体业态加速升级。文峰大世界对一楼中庭地面进行了重装，新引进的赫莲娜、圣罗兰等多家首店门口，熙熙攘攘；八佰伴对五至六楼进行了升级，六楼潮流美食区的楠火锅、杨三嬢等网红店内，座无虚席。

与南大街商圈一河之隔的华达广场精品酒店精致餐饮集群也打造一新，不仅环境焕然一新，多家餐饮店、酒店也改造升级。新进驻了MOMOKO PARK、椒麻大师等网红餐饮店，受到了广大年轻人的追捧喜爱。

夜幕降临的紫琅湖畔，一座流光溢彩的高档酒店矗立在湖畔，人们觥筹交错，品尝珍馐美馔。品种丰富的自助餐，高档优雅的就餐环境，推窗见湖的优越地理位置，这就是南通创新区引进的首个五星级酒店万豪酒店，开业初期就吸引了不少市民纷纷打卡尝鲜。南通创新区将持续加快紫琅新天地、万豪酒店、紫琅生活汇和金鹰世界等项目建设，形成建筑更新颖、设施更先进、业态更丰富、消费更时尚的高品质活力商圈，为城市新中心汇聚更多人情味、烟火气和"国际范"。

春季以餐饮、年货类为重点，开展网上年货节、"寻味南通"等活动；夏季以"夜经济"为重点，开展夜市、啤酒节嘉年华等活动；秋季以大宗消费为重点，开展汽车博览会、家电下乡以旧换新"双百惠民"活动；冬季以综合购物为重点，开展南通"双12购物节""老字号嘉年华"等系列活动。南通商圈一年四季活动丰富多样，彰显了城市的消费魅力。

眼下，南大街传统商圈、市北区域性服务商圈、商务区－紫琅湖活力商圈等重点消费力商圈，包括文峰大世界、八佰伴、龙信广场等在内的商场和街区，都在积极布局南通首店，陆续引进国际化妆品牌、人气餐饮、精品酒店等多业态品牌首店，全方位满足消费客群的多样化、多层次需求，不断释放消费新活力。

未来，南通中心休闲旅游商圈，将推动航母主题公园、南通中心（南通名品馆）、奥特莱斯、高端酒店等项目尽早开工，打造了解南通品牌、品味南通特色、采购南通产品的休闲购物胜地和可以体验、可以打卡、可以消费的名品潮流生活地，打造南通中心休闲旅游商圈。